T0826102

# LES AVADÂNAS

## CONTES ET APOLOGUES INDIENS

Ⓒ

DE L'IMPRIMERIE DE CH. LAHURE ET $C^{ie}$
rue de Fleurus, 9

# LES AVADÂNAS

## CONTES ET APOLOGUES INDIENS

INCONNUS JUSQU'A CE JOUR

SUIVIS

DE FABLES, DE POÉSIES ET DE NOUVELLES CHINOISES

TRADUITS

PAR M. STANISLAS JULIEN

MEMBRE DE L'INSTITUT

PROFESSEUR DE LANGUE ET DE LITTÉRATURE CHINOISE

ADMINISTRATEUR DU COLLÉGE DE FRANCE, ETC.

TOME TROISIÈME

PARIS

BENJAMIN DUPRAT

LIBRAIRE DE L'INSTITUT, DE LA BIBLIOTHÈQUE IMPÉRIALE, ETC.

7, RUE DU CLOITRE SAINT-BENOIT

M DCCC LIX

# NOUVELLES CHINOISES

# LA MORT DE TONG-TCHO,

ÉPISODE TIRÉ DU ROMAN HISTORIQUE INTITULÉ

SAN-KOUÉ-TCHI,

OU L'HISTOIRE DES TROIS ROYAUMES.

(Suite.)

Quand les lampes furent allumées, ils ne gardèrent que les servantes pour présenter le vin et les mets dont la table était couverte.

« La musique vulgaire, lui dit Wang-yun, n'est pas digne de captiver votre noble attention. Daigneriez-vous écouter la musique des comédiennes de ma maison?

— Avec plaisir, » répondit Tong-tcho.

Wang-yun renvoya les premiers musiciens, et ordonna d'aller chercher Tiao-tchan, afin qu'elle dansât aux sons du Seng-hoang [1], devant les fenêtres de la salle.

Quand elle eut fini de danser, Tong-tcho lui ordonna de s'approcher de lui.

Tiao-tchan vint dans la salle, et le salua deux fois en se prosternant jusqu'à terre.

« Quelle est cette jeune fille? demanda Tong-tcho.

— C'est une jeune musicienne nommée Tiao-tchan.

— Sait-elle chanter? »

1. Instrument à vent composé de plusieurs tuyaux de bambou.

Wang-yun ordonna à Tiao-tchan de prendre ses castagnettes de santal, et de chanter à demi-voix.

Voici les paroles de sa chanson :

« Mes lèvres vermeilles ont l'incarnat de la cerise;

« Mes dents ressemblent à deux rangées de perles ;

« Ma voix résonne comme la douce mélodie du printemps ;

« Ma langue parfumée darde une épée d'acier ;

« Je voudrais tuer les ministres pervers qui bouleversent l'empire. »

Quand elle eut fini de chanter, Tong-tcho ne put se lasser de faire son éloge et d'exalter sa grâce et ses talents. Wang-yun lui ordonna de présenter une coupe au premier ministre.

« Combien avez-vous de printemps? lui demanda Tong-tcho, en prenant la coupe.

— J'ai vingt ans.

— En vérité, vous avez l'air d'une jeune immortelle.

— Seigneur, lui dit Wang-yun, après l'avoir salué deux fois, votre vieux serviteur désire offrir cette jeune fille à Votre Excellence; mais il ignore si vous daignerez l'accepter.

— Si vous daignez me donner cette beauté divine, comment vous témoignerai-je ma reconnaissance?

— Si elle obtient la faveur de vous servir, elle sera au comble du bonheur.

— Permettez-moi de vous remercier une seconde fois.

— Le ciel commence à s'obscurcir; je vais faire apprêter un char mollement suspendu, pour conduire Tiao-tchan à votre hôtel. »

Tong-tcho se leva et lui adressa ses remercîments.

Dès que le char fut prêt, Wang-yun, précédant le char de Tiao-tchan, accompagna Tong-tcho jusqu'à la porte de son hôtel. Tong-tcho lui ordonna alors de se retirer.

Wang-yun montait un cheval blanc, et devant lui marchaient cinq ou six hommes qui lui servaient d'escorte.

Il était à peine éloigné de cent pas de l'hôtel du premier ministre, qu'il découvrit de loin deux files de lanternes qui éclairaient la route.

A la faveur de cette lumière, il aperçut un homme à cheval et armé d'une longue lance. C'était Liu-pou, qui était à moitié ivre. Ayant tout à coup rencontré Wang-yun, il alla droit à lui, le saisit d'un bras vigoureux, tira sa riche épée, et, arrondissant des yeux flamboyants :

« Vieux scélérat, lui dit-il, tu t'étais donc moqué de moi en m'offrant Tiao-tchan, et en la conduisant dans la couche du premier ministre? »

Wang-yun, l'interrompant brusquement :

« Nous ne sommes point ici dans un lieu propre à converser. Venez chez moi, je vous ferai connaître les motifs qui justifient ma conduite. »

Liu-pou suivit Wang-yun. Arrivé à sa maison, il descend de cheval et entre avec lui dans un appartement retiré.

« Général, lui dit Wang-yun, pourquoi avez-vous adressé à un vieillard comme moi d'aussi cruels reproches?

— On est venu m'annoncer que vous aviez conduit une jeune femme dans l'hôtel du premier ministre. Si ce n'est pas Tiao-tchan, qui est-ce?

— Général, vous ignorez ce qui s'est passé.

— Comment puis-je savoir le secret de vos affaires?

— Hier, le premier ministre, se trouvant à l'audience impériale, s'approcha de moi et me dit : « J'ai quelque chose à vous deman-
« der; demain j'irai vous trouver chez vous. »

J'ai préparé un petit repas et j'ai attendu son arrivée. Aujourd'hui le premier ministre est venu chez moi. « J'ai appris, me dit-il « au milieu du repas, que vous aviez une fille « nommée Tiao-tchan, et que vous l'aviez « promise à mon fils Fong-sian[1]. J'ai craint « que vous ne pussiez vous décider à ce sa- « crifice, et je suis venu exprès pour vous « demander si vous daignerez encore la lui « accorder. » Voyant que le premier ministre était venu en personne, je ne pouvais différer un instant de lui obéir. Sur-le-champ, je fis appeler Tiao-tchan, afin qu'elle vînt présenter ses hommages à Son Excellence. « Nous voici dans un jour heureux, me dit « le premier ministre ; je désire emmener

1. On a vu plus haut que Fong-sian est le nom honorifique de Liu-pou.

« aujourd'hui ma bru, faire préparer un « grand festin, et la marier avec Fong-sian. » Réfléchissez vous-même, général. Son Excellence le premier ministre étant venue en personne, comment aurais-je osé repousser sa demande ?

— Seigneur, excusez mon crime : j'avais mal vu. Je veux venir demain recevoir mon châtiment.

— Ma fille ne manque pas de robes et d'ornements de tête ; dès qu'elle sera passée dans l'hôtel du général, je me ferai un devoir de vous les envoyer. »

Liu-pou le remercia et prit congé de lui.

Quand la nuit fut venue, Tong-tcho reçut Tiao-tchan dans son lit, et le lendemain à midi il était encore dans ses bras.

Liu-pou vint à l'hôtel du premier ministre

pour obtenir quelques éclaircissements; ce fut chose impossible. Il alla droit à l'appartement du milieu, et demanda à une servante où était le premier ministre.

« Le premier ministre est couché avec sa nouvelle femme; il n'est pas encore levé. »

Liu-pou se glissa à la dérobée auprès de la chambre à coucher de Tong-tcho, afin de l'épier furtivement.

Tiao-tchan venait de se lever, et elle était occupée à se coiffer devant la fenêtre. Tout à coup, ayant regardé au dehors, elle aperçoit l'ombre d'un homme d'une taille élevée, qui se réfléchissait dans une pièce d'eau. Elle lance un œil furtif, et voit Liu-pou qui se tenait debout au bord du bassin. Elle prit un air triste et inquiet, et plaça un mouchoir devant ses yeux, comme pour cacher ses larmes.

Liu-pou l'observa longtemps à la dérobée, puis il s'éloigna pour réfléchir en silence, sans être encore sûr de la vérité. Il rentra quelque temps après. Tong-tcho déjeunait dans la salle du milieu. Voyant venir Liu-pou : « Qu'y a-t-il de nouveau? lui demanda-t-il.

— Rien de nouveau, » répondit Liu-pou.

Il resta debout à côté de la table, et, en regardant à la dérobée, il aperçut, derrière un rideau brodé, une personne qui allait et venait, et semblait l'épier avec curiosité. Un instant après, elle laisse voir la moitié de son visage, et fixe sur lui des yeux passionnés.

Liu-pou reconnaît Tiao-tchan ; il se trouble et n'est plus maître de son émotion. Tong-tcho est frappé de l'incohérence de ses paroles, il l'observe et voit qu'il ne songe qu'à plonger ses regards dans l'intérieur de l'appartement.

« Fong-sian, lui dit-il, puisque aucune affaire ne t'amène ici, retire-toi. »

Liu-pou revient chez lui, l'âme en proie aux plus cruels soupçons. Sa femme, voyant la tristesse et la douleur peintes sur son visage : « Qu'avez-vous ? lui dit-elle ; est-ce que le premier ministre vous aurait grondé ?

— Comment le premier ministre pourrait-il me faire la loi ? »

Sa femme n'osa pousser plus loin ses questions.

Depuis ce moment, Tiao-tchan absorbait

toutes les pensées de Liu-pou. Chaque jour, il allait à l'hôtel du premier ministre, mais il ne put la voir une seule fois.

Dès que Tong-tcho fut en possession de Tiao-tchan, il s'abandonna tout entier à l'aveugle passion qu'elle avait su lui inspirer; et il y avait déjà plus d'un mois qu'il n'était sorti de son palais pour s'occuper des affaires publiques. On était alors à la fin du printemps. Tong-tcho ayant eu une légère indisposition, Tiao-tchan ne déliait point sa ceinture, et se refusait le repos pour lui prodiguer les soins les plus tendres et les plus assidus. Ses attentions délicates, son dévouement de tous les instants, ne firent qu'enflammer davantage la passion de Tong-tcho.

Un jour que Tong-tcho dormait sur son

lit, Liu-pou vint se placer à côté de son chevet. Tiao-tchan se trouvait derrière le lit. Elle avance la moitié de son corps pour regarder Liu-pou, et, mettant la main sur son cœur, elle attache sur lui des yeux pleins d'amour. Liu-pou lui répond par des signes de tête. Tiao-tchan montre de la main Tong-tcho, et ses yeux se baignent de larmes.

Quoique les yeux de Tong-tcho fussent à moitié obscurcis par le sommeil, il distingua les gestes de Liu-pou. Il se retourne avec émotion, et voit Tiao-tchan placée derrière un paravent. Il ne peut contenir sa colère. « Quoi! dit-il à Liu-pou, d'une voix foudroyante, tu oses faire la cour à la femme que j'aime! »

A ces mots, il appelle ses officiers et le fait

chasser de son palais, en lui défendant d'y jamais rentrer.

Liu-pou s'en revint chez lui bouillant de colère et d'indignation.

Li-jou, ayant appris ce qui venait de se passer, courut en toute hâte à l'hôtel de Tong-tcho.

« Seigneur, lui dit-il, pourquoi avez-vous grondé Liu-pou?

— Il regardait furtivement une femme que j'aime; voilà pourquoi je l'ai chassé.

— Si vous désirez, seigneur, devenir maître de l'empire, pourquoi le gronder pour de légères fautes? Si vous perdez l'affection de Wen-heou[1], c'en est fait de vos grands desseins.

1. Titre de Liu-pou.

— Comment faire?

— Invitez-le à venir vous voir demain, donnez-lui de l'or et des étoffes précieuses, et consolez-le, en lui parlant avec votre bonté accoutumée. »

Le lendemain Tong-tcho appela auprès de lui Liu-pou.

« Avant-hier, lui dit-il, la maladie avait troublé mes esprits; je ne sentais point la portée de mes paroles. Je t'ai adressé des reproches; promets-moi de les oublier. Dès ce jour, je veux que tu ne me quittes pas d'un instant. »

Aussitôt, il lui donna dix livres d'or, et vingt pièces de soie brodée.

« Seigneur, lui répondit Liu-pou, comment oserais-je me formaliser des reproches que Votre Excellence a daigné m'adresser? »

Dès ce moment Liu-pou fréquenta de nouveau l'hôtel du premier ministre sans témoigner de crainte ni de haine. Tong-tcho se trouva bientôt en convalescence; mais, comme il avait près de lui Tiao-tchan, il ne revint pas à la ville de Meï-ou.

Toutes les fois que Tong-tcho se rendait à la cour, Liu-pou, la lance en main, marchait à cheval devant son char. Lorsque Tong-tcho était descendu devant le palais impérial, et qu'il montait les degrés avec le glaive à son côté, Liu-pou, toujours armé de sa lance, restait debout au bas du grand escalier. Tous les magistrats se prosternaient dans le vestibule rouge, le front appuyé contre terre, et ils recevaient les ordres suprêmes de l'empereur. Quand l'audience était levée, Liu-pou remontait à cheval, et précédait de nouveau le char de Tong-tcho.

Un jour Liu-pou avait conduit Tong-tcho dans l'intérieur du palais, où il s'arrêta quelque temps pour converser avec l'empereur Hien-ti. Liu-pou saisit promptement sa lance, sortit de la porte intérieure, sauta sur son cheval et courut tout droit à l'hôtel du premier ministre. Il attacha son cheval dans le voisinage, et entra, la lance à la main, dans l'arrière-salle, pour chercher Tiao-tchan.

Tiao-tchan, voyant que Liu-pou la cherchait, sortit avec précipitation, et lui dit : « Allez m'attendre dans le pavillon du Phénix, qui est au fond du jardin; je vais venir vous trouver. »

Liu-pou se rendit au lieu désigné, et se

tint debout à côté de la balustrade qui était au bas du pavillon du Phénix. Quelques instants après, il vit venir Tiao-tchan, belle comme une déesse du palais de la Lune.

« Général, lui dit-elle en pleurant, quoique je ne sois point la propre fille du ministre Wang-yun, il me choie comme une perle, comme un diamant qui serait tombé du ciel. Dès que je vous ai vu, dès que vous avez daigné promettre de m'épouser, j'ai cru voir accomplir le bonheur que je rêvais. Aurais-je pu penser que le premier ministre concevrait une passion criminelle, et qu'il déshonorerait votre épouse ! Toute ma douleur était de n'avoir pu trouver la mort. Mais puisque j'ai le bonheur de vous rencontrer aujourd'hui, je veux vous prouver la vérité de mes sentiments. Mon corps a été souillé, il ne mérite plus d'appartenir à un héros. Il faut que je meure devant vous, pour éteindre les feux inutiles dont vous paraissez consumé. »

Elle dit et saisit la balustrade, comme pour s'élancer dans l'étang de Nymphæas.

Liu-pou l'arrête avec émotion, et, l'embrassant en pleurant : « Il y a longtemps que je connais vos sentiments ; tout ce qui m'afflige, c'est de ne pouvoir m'entretenir davantage avec vous.

— Seigneur, lui dit Tiao-tchan, en saisissant sa main d'un air passionné, si votre servante ne peut, dans cette vie, devenir votre épouse, son unique vœu est de jouir de ce bonheur dans la vie suivante.

— Si je ne puis maintenant vous avoir

pour épouse, je ne mérite pas d'être appelé le héros du siècle.

— Les jours que je passe loin de vous sont comme de longues années; je vous en supplie, seigneur, ayez pitié de mon sort, et délivrez celle qui vous a voué son existence.

— J'étais dans le palais impérial, et j'ai profité d'un moment favorable pour venir vous voir; mais je crains que ce vieux brigand ne conçoive des soupçons. Il faut que je parte en toute hâte. »

A ces mots, il prend sa lance, et, comme il se préparait à sortir : « Seigneur, lui dit Tiao-tchan, en le retenant par ses vêtements, si vous craignez ainsi ce vieux scélérat, votre servante ne verra jamais luire le jour du bonheur ! »

Liu-pou s'arrêtant : « Permettez-moi de réfléchir un instant, pour trouver un moyen de vous posséder toute ma vie.

— Dès mon enfance, j'aimais à entendre raconter vos exploits, dont la renommée croissante étonnait mon oreille, comme le bruit du tonnerre que propagent et agrandissent les échos. J'étais remplie de vous, je ne voyais que vous au monde ! Aurais-je pu penser qu'un jour vous vous laisseriez mener par un autre homme ! »

Elle dit, et verse une pluie de larmes. Les deux amants s'embrassent étroitement; ils confondent leurs pleurs et leurs soupirs, et ne peuvent se détacher l'un de l'autre. Cependant Tong-tcho, qui se trouvait dans le palais, se retourna tout à coup, et, ne voyant plus Liu-pou, il conçut, au fond de son cœur, les plus cruels soupçons. Il voit le cheval de Liu-pou attaché à la porte. Il interroge le gardien, qui lui dit que Wen-heou est entré dans l'intérieur du palais. Tong-tcho fait retirer les officiers de sa suite, et pénètre seul dans l'appartement le plus reculé. Il cherche, et ne trouve ni Liu-pou, ni Tiao-tchan. Il interroge une servante qui lui dit : « Tout à l'heure, Wen-heou est passé par ici, armé d'une lance peinte ; mais j'ignore où il est allé. »

Tong-tcho poursuit ses recherches ; il entre dans le jardin situé derrière le palais, et voit Liu-pou qui était appuyé sur sa lance, et conversait avec Tiao-tchan, au bas du pavillon du Phénix.

Tong-tcho court jusqu'à lui et pousse un cri effrayant. Liu-pou tourne la tête, et, apercevant Tong-tcho, il est saisi de terreur. Tong-tcho lui arrache la lance qu'il tenait à la main, mais Liu-pou s'échappe en fuyant. Tong-tcho veut le poursuivre et le percer; mais comme il était chargé d'embonpoint, et que Liu-pou avait le pied agile, il lui fut impossible de l'atteindre. Liu-pou frappe du poing la hampe de la lance et la fait tomber sur l'herbe. Tong-tcho ramasse la lance, et se met de nouveau à poursuivre Liu-pou, qui prit bientôt sur lui une avance de cinquante pas. Tong-tcho sortit du jardin en courant après lui; mais un homme qui marchait précipitamment dans une direction opposée, vint heurter contre la poitrine de Tong-tcho et le renversa par terre.

Li-jou, étant allé à l'hôtel du premier ministre, vit une des personnes de sa suite qui lui dit : « Son Excellence est allée chercher Liu-pou, dont la conduite a allumé sa colère. »

Li-jou entra précipitamment ; il vit Liu-pou qui courait d'un air effaré, en criant : « Le premier ministre veut m'assassiner. »

Li-jou s'élança dans l'intérieur du palais, et ayant heurté contre Tong-tcho, qui courait dans une direction opposée, il l'avait renversé par terre.

Li-jou s'empresse de relever Tong-tcho, et l'ayant conduit dans sa bibliothèque : « Seigneur, lui dit-il après l'avoir salué deux fois, j'étais emporté par l'ardeur bouillante que m'inspire l'intérêt de l'État, lorsque j'ai renversé Votre Excellence. Je mérite la mort ; je mérite la mort.

— Ce brigand faisait la cour à la femme que j'aime, et j'ai juré de le tuer.

— Excellent seigneur, vous avez tort. Jadis Tchoang-wang, roi de Thsou, avait invité ses vassaux à un festin qui avait lieu pendant la nuit; il ordonna à sa concubine favorite de présenter le vin aux convives. Soudain, il s'éleva un vent impétueux qui éteignit toutes les lampes. Un des convives profita de l'obscurité pour embrasser la favorite. Celle-ci saisit la houpe de son bonnet, et dénonça cette liberté au roi de Thsou.

« Bah! s'écria Tchoang-wang, c'est un « badinage sans conséquence, qu'il faut im- « puter à la folie du vin! » Sur-le-champ, il ordonna à un officier d'apporter un plat d'or et d'ôter les houpes de tous les bonnets, de sorte que personne ne put reconnaître celui qui avait insulté la favorite. Ce festin fut appelé *Tsioué-ing-hoeï*, c'est-à-dire *le Festin des houpes ôtées*. Dans la suite, Tchoang-wang, roi de Thsou, se trouva étroitement cerné par les troupes du roi de Tsin. Un général se précipita au milieu des rangs ennemis, et délivra Tchoang-wang. Le roi, voyant qu'il avait reçu une profonde blessure, lui demanda son nom. « Seigneur, lui répondit le guerrier, je « m'appelle Tsiang-hiong. Jadis, au *Festin* « *des houpes ôtées*, le grand roi qui me parle « a daigné me faire grâce de la mort que j'avais « méritée. Voilà pourquoi je suis venu au-« jourd'hui pour lui témoigner ma recon-« naissance. » Seigneur, ajouta Li-jou, imitez la grandeur d'âme de Tchoang-wang dans le *Festin des houpes ôtées*, et profitez de cette occasion pour donner Tiao-tchan à Liu-pou; Liu-pou sera pénétré de reconnaissance, et, en tout temps, il sera prêt à mourir pour vous. »

Un sourire de joie brilla dans les yeux de Tong-tcho, et remplaça la colère qui avait contracté les traits de sa figure. « Allez trouver Liu-pou, lui dit-il, et annoncez-lui que je lui donne Tiao-tchan.

— Kao-tsou, de la dynastie des Han, donna vingt mille livres d'or à Tchin-ping, et son règne s'éleva au plus haut degré de splendeur. Votre Excellence imite aujourd'hui le noble désintéressement de Kao-tsou. »

A ces mots, Li-jou le remercia et partit.

Tong-tcho entra dans l'appartement retiré où était Tiao-tchan et l'appela.

« Pourquoi avez-vous eu des relations secrètes avec Liu-pou?

— Comme je savais, lui dit Tiao-tchan, en fondant en larmes, que Wen-heou était le fils de Votre Excellence, j'ai voulu me dérober à ses sollicitations; mais ce scélérat m'a poursuivie, la lance au poing, jusqu'au pavillon du Phénix. Votre servante voulut se précipiter dans l'étang des Nymphæas; mais il m'a retenue et s'est emparé de moi. J'étais entre la vie et la mort, quand Votre Excellence est venue me délivrer.

— Je veux vous offrir à Liu-pou.

Aussitôt, elle saisit une épée suspendue à la muraille, comme pour se percer le sein.

— Votre servante s'est déjà donnée à vous. Si vous me livrez à un esclave, j'aime mieux mourir que de me déshonorer. »

Tong-tcho se précipite au-devant d'elle, lui arrache l'épée, et, la pressant sur son cœur : « Je voulais seulement badiner avec vous ! »

Tiao-tchan tombe en sanglotant dans les bras de Tong-tcho.

« Je suis sûre que c'est un stratagème de Li-jou, qui est l'intime ami de Liu-pou.

— Comment pourrais-je vous donner à un autre?

— Je ne crains qu'une chose, c'est d'être abandonnée de Votre Excellence.

— Je vous défendrai, même au péril de ma vie.

— Il n'est pas prudent de rester ici. Tout est à craindre de la part de Liu-pou.

— Demain je vous remmène dans la ville de Meï-ou. Vous y trouverez le bonheur.

— Ce séjour offre-t-il une entière sécurité?

— La ville de Meï-ou renferme des vivres pour vingt ans, et en dehors sont rangés plusieurs millions de soldats. Si je réussis à m'emparer du trône, vous serez impératrice ; si je n'y réussis pas, vous serez la femme de l'homme le plus riche et le plus puissant de l'empire. Je vous en supplie, bannissez toutes vos inquiétudes. »

Le lendemain, Li-jou se présenta à Tong-tcho : « Nous voici dans un jour heureux ; profitez-en pour conduire Tiao-tchan à Liu-pou. »

Tong-tcho changea de couleur : « Donneriez-vous votre femme à Liu-pou?

— Seigneur, vous ne devez pas vous laisser égarer par une femme.

— Quelle femme pourrait égarer mon cœur? Ne me reparlez point de Tiao-tchan.

Si vous en ouvrez le bouche, je vous fais trancher la tête. »

Li-jou leva les yeux au ciel en soupirant : « Nous périrons tous deux de la main d'une femme ! »

Tong-tcho appela ses officiers et fit chasser Li-jou. Il réunit ses troupes et retourna dans la ville de Meï-ou, accompagné de tous les magistrats.

Tiao-tchan était montée sur un char. En plongeant ses regards dans la foule des guerriers, elle aperçut Liu-pou qui la cherchait des yeux. Tiao-tchan cache son visage comme pour dissimuler sa douleur et ses larmes. Liu-pou lâche les rênes, et se dirige rapidement vers un petit tertre qui était devant lui.

Comme il était occupé à regarder Tiao-tchan : « Wen-heou, lui dit un cavalier qui le suivait, pourquoi pleurez-vous en regardant dans le lointain? »

Liu-pou se retourne et reconnaît Wang-yun. « C'est à cause de votre fille ! »

Wang-yun, faisant l'étonné : « Ce n'est pas d'hier que je vous l'ai donnée en mariage : quoi ! général, elle n'est pas encore votre épouse !

— Ce vieux scélérat de Tong-tcho la possède depuis longtemps. »

Wang-yun, cachant sa figure : « C'est se conduire comme une bête brute ! »

Liu-pou raconta en détail à Wang-yun tout ce qui s'était passé.

« Venez chez moi, lui dit Wang-yun, afin que nous causions à loisir. »

Liu-pou le suivit. Wang-yun pria Liu-pou de passer dans un appartement retiré. Il fit apporter du vin, et le traita avec la plus grande distinction.

« Général, lui dit ensuite Wang-yun, le premier ministre a déshonoré ma fille ; il a ravi votre femme : voilà de quoi exciter la risée et les sarcasmes de tout l'empire. Et ce n'est point sur le premier ministre, mais sur Wang-yun et sur vous, général, que tomberont ces sarcasmes et ces railleries ! Mais moi, vieillard faible et débile, je suis de ces hommes qu'on ne compte plus pour rien. Que n'ai-je, hélas ! votre jeunesse, votre ardeur bouillante, et ce courage sublime qui vous a fait nommer le héros du siècle ! »

Liu-pou frémit de rage, ses esprits se troublent et il tombe à la renverse. Wang-yun s'empresse de le relever et de rappeler l'usage de ses sens :

« Général, j'ai laissé échapper des paroles imprudentes; je vous en supplie, apaisez votre colère.

—Je jure que je tuerai ce monstre pour laver mon déshonneur. »

Wang-yun, lui fermant la bouche avec sa main : « Taisez-vous, général ! vous allez compromettre ce vieillard, et vous exposez toute sa famille à être exterminée ?

—Un homme de cœur vit à la face du ciel et de la terre : pourrait-il ramper honteusement sous le joug des autres ?

—Avec vos talents, avec votre héroïque courage, vous l'emportez cent fois sur Han-sin, et cependant Han-sin s'éleva au pouvoir suprême. Pourriez-vous, général, rester plus longtemps avec le titre obscur de Wen-heou?

— Je suis décidé à tuer ce vieux brigand. Mais pourtant c'est mon père, et je crains d'appeler sur moi la haine de la postérité. »

Wang-yun, riant aux éclats: « Général, votre nom de famille est Liu, et celui de Tcho est Tong. Le jour où il a voulu vous percer de sa lance, il a rompu lui-même tous les liens qui attachent un fils à son père.

— Seigneur, reprit vivement Liu-pou, dont la colère s'accroissait par degrés, sans vos excellents avis, j'aurais péri moi-même sous les coups de ce vieux scélérat.

— Général, si vous relevez le trône chancelant des Han, vous agirez comme un fidèle et loyal sujet; votre nom sera gravé dans les annales de l'empire, et il traversera dix mille générations, entouré d'une auréole de gloire qui ne s'effacera jamais. Mais, si vous soutenez Tong-tcho, vous agirez comme un sujet révolté. D'un coup de pinceau, l'inflexible histoire imprimera à votre nom une tache flétrissante, et le conservera jusqu'aux derniers âges du monde, couvert d'un éternel déshonneur ! »

Liu-pou, se prosternant à ses pieds : « Mon parti est pris ; seigneur, gardez-vous d'en douter.

— Je crains seulement que, si vous ne réussissez point, vous ne vous attiriez les plus grands malheurs. »

Liu-pou tire son épée, l'enfonce dans son bras, et, faisant jaillir le sang, il jure de se venger.

Wang-yun se précipite à ses genoux, et, après l'avoir remercié : « Puisque tel est votre courage, la dynastie des Han peut se promettre un avenir de quatre cents ans, et c'est à vous seul qu'elle devra ce bonheur inespéré. Tenez, général, voici un ordre secret de l'empereur ; gardez-le soigneusement, et n'en laissez rien transpirer. Quand le temps sera venu d'accomplir ce dessein, je viendrai vous avertir. »

Liu-pou prend vivement le décret, en donnant sa parole à Wang-yun, et se retire en silence. Wang-yun invite le ministre d'État Ssé-sun-jouï, l'inspecteur général Hoang-wan, et Ssé-li, l'intendant de cavalerie, à venir délibérer avec lui.

« Maintenant, dit Sun-jouï, l'empereur commence à entrer en convalescence ; il faut envoyer, à la ville de Meï-ou, un homme habile dans l'art de parler, et inviter Tong-tcho à venir au conseil. Nous placerons des troupes en embuscade dans l'intérieur du palais, et en arrivant il tombera sous leurs coups. Voilà, je crois, un plan excellent.

—Quel homme osera y aller, reprit Hoang-wan?

—Je connais un homme du même pays que Liu-pou, un intendant de cavalerie nommé Li-sou. Ces jours derniers, il était furieux contre Tong-tcho de ce qu'il ne lui avait point donné de l'avancement. Ordonnez à Liu-pou d'envoyer Li-sou. Tong-tcho, qui ignore sa colère, ne concevra aucun soupçon.

—A merveille! s'écria Wang-yun, et,

sur-le-champ, il invita Liu-pou à venir délibérer avec eux.

—Lorsque, autrefois, je tuai Ting-kien-yang, leur dit Liu-pou, ce fut ce même homme qui lui porta la parole. S'il n'y va pas aujourd'hui, je lui fais trancher la tête.»

Il dit, et fait appeler Li-sou. « Autrefois, lui dit-il, grâce à votre éloquence, j'ai tué Ting-kien-yang, et je me suis rangé sous les ordres de Tong-tcho. Mais, aujourd'hui, il a étouffé tout sentiment d'humanité et de justice, il a violé toutes les lois de l'État. Il insulte l'empereur, il tyrannise le peuple, il a comblé la mesure de ses crimes, il a allumé la haine des hommes et le courroux des dieux. Portez ce décret impérial dans la ville de Meï-ou, et annoncez à Tong-tcho que l'empereur l'attend au palais. Quand il arrivera, vous fondrez sur lui avec tous vos soldats, et vous le tuerez. Vous aurez relevé l'empire chancelant des Han, et vous vous serez conduit comme un fidèle et loyal sujet. Quelles sont vos dispositions?

—Il y a déja longtemps que je voulais tuer ce monstre; mais jusqu'ici je n'ai pu en trouver l'occasion. Cette circonstance est un présent du ciel. »

A ces mots, il fit serment en brisant une flèche.

« Si vous pouvez accomplir ce grand dessein, lui dit Wang-yun, les charges et les honneurs n'exciteront plus vos regrets. »

Le lendemain Li-sou prit quelques dizaines de cavaliers, et arriva avec eux dans la ville de Meï-ou. Tout à coup, on annonça à Tong-tcho que l'empereur lui envoyait un décret.

« Qu'on fasse entrer le messager impérial, » s'écria Tong-tcho.

Quand Li-sou eut fini sa double salutation : « Quel ordre apportez-vous ? demanda Tong-tcho.

— L'empereur commence à entrer en convalescence ; il désire réunir tous les chefs civils et militaires dans le palais Weï-ing-tien, et remettre sa couronne à Son Excellence le premier ministre. C'est là l'objet du décret que voici. Dès que j'ai vu ce décret, j'ai volé vers vous pour féliciter Votre Excellence.

— Que fait maintenant Wang-yun ?

— Le ministre Wang-yun a déjà envoyé des hommes pour décorer la salle où vous devez recevoir solennellement la puissance suprême. Le ministre Sun-jouï a transcrit ce décret dans les archives impériales, et l'on n'attend plus que l'arrivée de Votre Excellence. »

Tong-tcho, riant aux éclats : « J'ai rêvé cette nuit qu'un dragon[1] m'entourait de ses replis. Puisque aujourd'hui je reçois cette heureuse nouvelle, il n'y a pas de temps à perdre. »

Sur-le-champ, il ordonna de préparer les chevaux et les chars avec lesquels il devait retourner dans la capitale.

« Seigneur, lui dit Li-sou, je souhaite que votre dynastie fleurisse pendant dix mille ans ; les descendants de Li-sou trou-

1. Le dragon est le symbole de la puissance impériale.

veront en elle leur appui et leur bonheur.

— Si je monte sur le trône, je vous donne la charge de Tchi-kin-'ou. »

Li-sou le remercia en se prosternant devant lui.

Tong-tcho était sur le point de partir : « Je vous avais promis, dit-il à Tiao-tchan, de vous faire un jour impératrice; cette promesse va s'accomplir aujourd'hui. »

Tiao-tchan le remercia.

Tong-tcho alla faire ses adieux à sa mère, qui était âgée de quatre-vingt-dix ans.

« Où allez-vous, mon fils? lui dit-elle.

— Votre fils part pour Tchang-'an, où il doit recevoir solennellement l'héritage de la puissance suprême. Au premier jour vous porterez le titre de Thaï-heou (mère de l'empereur).

— Depuis quelques jours mon cœur est agité, tout mon corps palpite de crainte : mon fils, ce n'est pas d'un bon augure....

— Votre émotion n'a rien de surprenant, reprit Li-sou ; elle annonce que vous serez la mère d'une dynastie qui doit fleurir pendant dix mille générations. »

« Ce que dit mon ami, s'écria Tong-tcho, est parfaitement juste. »

Après avoir fait ses adieux à sa mère, Tong-tcho monta sur son char, qui était précédé et suivi de plusieurs milliers de soldats ; il sortit de la ville de Meï-ou et se dirigea vers la capitale. Il n'avait pas fait trente lis, qu'une roue de son char se brisa ; mais les personnes qui l'entouraient le soutinrent et l'empêchèrent de tomber.

Tong-tcho répara le désordre de ses vêtements et s'élança sur un cheval ; mais, à peine avait-il parcouru dix lis, que son cheval poussa des hennissements furieux et rompit sa bride.

Tong-tcho interrogea Li-sou : « Une roue du char s'est brisée, le cheval a rompu sa bride ; qu'est-ce que cela veut dire ?

— Votre Excellence doit hériter de l'empire des Han ; un nouveau maître doit remplacer l'ancien.

— Ce que dit mon ami de cœur, reprit Tong-tcho, est parfaitement juste. »

Le lendemain s'éleva tout à coup un vent impétueux, et le ciel se couvrit de nuages.

« Que veulent dire ces présages ? demanda Tong-tcho.

— Votre Excellence monte aujourd'hui sur le trône du dragon (le trône impérial). Ces nuages rouges, ces vapeurs pourprées, annoncent que le ciel va vous entourer d'une majesté imposante. »

Tong-tcho étant arrivé aux portes de Tchang-'an, tous les magistrats vinrent à sa rencontre. Wang-yun, Hoang-wan, Yang-tsan, Chun-iu-kiong et Hoang-fou-song, se prosternèrent devant lui sur le bord du chemin, et se proclamèrent ses sujets. Ils lui dirent que l'empereur devait réunir tous les magistrats dans le palais appelé Weï-ing-tien, et qu'il avait l'intention de lui céder sa couronne. Tong-tcho ordonna aux magistrats de se retirer.

Le lendemain, dès la pointe du jour, tous les grands dignitaires vinrent le recevoir. Liu-pou fut un des premiers à le féliciter

« Seigneur, lui dit-il, demain vous devez n'entrer dans la ville qu'après vous être baigné et avoir pratiqué une abstinence sévère, si vous voulez recevoir la succession d'une dynastie qui est destinée à fleurir pendant dix mille générations.

—Mon fils, il paraît certain que je vais monter sur le trône; je vous nommerai commandant de toutes les troupes de l'empire. »

Liu-pou le remercia, et dormit devant sa tente.

Pendant la nuit, il y eut une troupe d'enfants qui chantaient au dehors de la ville, et le vent apporta leur chanson jusque dans la tente de Tong-tcho.

Voici leur chanson :

« A la distance de mille lis, l'herbe est
« fraîche et verdoyante ;
« Mais, dans dix jours, elle ne poussera
« plus. »

Le ton de cette chanson était triste et plaintif.

Tong-tcho interrogea Li-sou : « Que veut dire cette chanson? Est-ce un présage heureux ou malheureux?

— Elle annonce simplement que le nom de Lieou s'éteint, et que celui de Tong va fleurir à sa place.

— Ce que dit Li-sou, reprit Tong-tcho, est parfaitement juste. »

Le lendemain matin, Tong-tcho fit ranger ses troupes sur deux lignes, et entra dans la ville monté sur son char. Il aperçut un Tao-ssé qui portait un manteau bleu et un bonnet d'étoffe blanche. Il tenait dans sa main une longue perche d'où pendait une pièce de toile de dix pieds de long, sur laquelle était écrit en gros caractère le mot *Liu*.

Tong-tcho demanda à Li-sou ce que voulait dire cet homme.

« C'est un fou, » répondit Li-sou ; et à ces mots il ordonna aux soldats de le faire éloigner. Le Tao-ssé étant tombé par terre, Li-sou le fit traîner au bord du chemin.

Comme Tong-tcho entrait dans l'intérieur du palais, tous les magistrats vinrent à sa rencontre, vêtus de leurs habits de cérémonie. Li-sou, tenant dans sa main une épée d'un grand prix, marchait en soutenant le char.

Quand on fut arrivé à la porte Pé-yé-men, toutes les troupes de Tong-tcho restèrent en dehors, et il entra sur son char, accompagné seulement d'une vingtaine d'hommes. Tong-tcho, voyant que Wang-yun et ses amis gardaient, l'épée à la main, les portes du palais, fut glacé de crainte et interrogea Li-sou.

« Que veulent tous ces hommes armés ? »

Li-sou ne répondit point.

Tout à coup les roues du char furent enlevées.

« Le brigand est ici ! s'écria Wang-yun, où sont mes soldats ? »

Des deux côtés, sortent une centaine

d'hommes qui s'élancent sur Tong-tcho et le frappent à coups de lance; mais sa cuirasse le préserva. Tong-tcho, qui craignait toujours d'être assassiné, avait coutume de porter sous ses habits une cuirasse de mailles serrées.

Tong-tcho est blessé au bras; il tombe de son char et appelle Liu-pou.

Liu-pou sort de derrière le char et s'écrie d'une voix formidable : « Un décret de l'empereur m'ordonne de tuer ce monstre. »

Et aussitôt il lui enfonce sa lance dans la gorge. Li-sou lui tranche la tête et l'élève en la tenant par les cheveux. Liu-pou prend sa lance de la main droite, et, tirant de la gauche le décret qui était caché dans son sein, il s'écrie d'une voix retentissante :

« *Par ordre de l'empereur, j'ai tué Tong-tcho, son ministre révolté. Ne m'en demandez pas davantage.* »

A ces mots, tous les magistrats qui étaient en dedans et en dehors de la salle se prosternèrent à terre, en criant : « Vive l'empereur ! Vive l'empereur ! »

Tong-tcho avait atteint sa cinquante-quatrième année. C'était la troisième année de la période Thsou-ping, du règne de Hien-ti, de la dynastie des Han. On était au vingt-deuxième jour du quatrième mois de l'année Jin-chin (l'an 192 après J. C.)

Liu-pou ajouta : « C'est Li-jou qui a aidé Tong-tcho à opprimer son souverain. Qui veut se charger d'aller le prendre ?

— J'y cours, » répondit Li-sou.

Comme il partait, on entendit à la porte

des cris tumultueux, et un officier vint annoncer que les serviteurs de Li-jou l'amenaient eux-mêmes lié et garrotté.

« Ce monstre de Tong-tcho, dit Wang-yun, a laissé, dans la ville de Meï-ou, toutes les personnes de sa famille. Qui veut aller les exterminer ?

— J'y cours, » répondit Liu-pou.

Wang-yun ordonna à Hoang-fou-song et à Li-sou d'accompagner Liu-pou. Liu-pou prit avec lui cinq mille hommes et marcha en toute hâte vers la ville de Meï-ou.

Tong-tcho avait quatre généraux qui lui étaient dévoués de cœur : c'étaient Li-kio, Kou-ssé, Tchong-si et Fan-tcheou; ils gardaient la ville de Meï-ou avec trois mille soldats d'élite, et recevaient de lui de riches traitements. Dès qu'ils apprennent que Tong-tcho est tué et que Liu-pou s'avance avec une armée formidable, ils rentrent précipitamment dans la ville, emmènent leurs troupes et se retirent à Liang-tcheou.

Liu-pou, étant entré dans la ville de Meï-ou, prit d'abord Tiao-tchan et la conduisit à Tchang-'an.

« Il y a dans le palais, lui dit Hoang-fou-song, huit cents femmes issues de bonne famille; il faut les réunir dans un même endroit avec toutes les autres personnes qui appartiennent à la maison de Tong-tcho, et les exterminer, sans avoir pitié de l'enfance ni de la vieillesse. »

A ces mots, la mère de Tong-tcho, qui était âgée de quatre-vingt-dix ans, sortit toute tremblante, et les supplia de lui épargner la vie. Elle avait à peine achevé de parler, que sa tête avait déjà roulé par terre.

Ce jour-là, tous les hommes et toutes les femmes de la maison de Tong-tcho furent massacrés au nombre de plus de mille cinq cents. On trouva, dans la ville de Meï-oü, vingt à trente mille livres d'or, quatre-vingt-dix mille livres d'argent, des monceaux d'étoffes brodées, de perles, de pierreries et de choses précieuses, et des greniers d'abondance renfermant huit millions de boisseaux de grains. Wang-yun ordonna de confisquer la moitié de ces richesses au profit de l'État, et d'employer l'autre à récompenser les soldats.

A l'époque où Tong-tcho fut tué, l'air

était tranquille et le soleil et la lune brillaient d'un pur éclat. Le cadavre de Tong-tcho fut jeté, par ordre, sur la grande route. Comme Tong-tcho était chargé d'embonpoint, les soldats qui le gardaient mirent du feu sur son ventre, et en firent une lampe hideuse qui les éclaira toute la nuit, et la terre fut baignée de la graisse liquide qui découla de tout son corps.

Le peuple, en passant devant le cadavre, se plaisait à frapper la tête de Tong-tcho, jusqu'à ce qu'elle fût fracassée et moulue comme de la farine pétrie. Li-jou fut pendu sur la place publique; et la foule, amassée autour du gibet, se disputa les lambeaux de son corps et les dévora pour assouvir sa fureur.

Au dedans et au dehors de la ville, les enfants et les vieillards couraient en dansant, et faisaient éclater les transports de leur joie. Les jeunes gens et les jeunes filles qui étaient pauvres vendirent leurs habits pour acheter de la viande et du vin. « Cette nuit, disaient-ils en se félicitant, nous pourrons dormir tranquillement dans nos lits. »

Tong-min, frère cadet de Tong-tcho, et Teng-hoang, son frère aîné, furent pendus par les quatre membres au milieu de la place publique. Tous les hommes qui étaient au service de Tong-tcho, tous ceux qui s'étaient dévoués à sa cause, furent massacrés en prison.

Wang-yun réunit tous les ministres et les grands dignitaires de l'État, et leur offrit un festin splendide dans une salle du palais, pour célébrer la joie et le bonheur qui, par la mort de Tong-tcho, allaient se répandre dans tout l'empire.

## HING-LO-TOU,

### OU LA PEINTURE MYSTÉRIEUSE.

Sous la dynastie actuelle, dans les années Yong-lo[1], dans le district de Hiang-ho, de la province de Pé-tchi-li, département de Chun-tien-fou, vivait un gouverneur appelé Ni, dont le double nom était Cheou-kien,

1. C'est-à-dire, les années de *la joie perpétuelle*. C'est le nom des années du règne de *Tching-sou*, de la dynastie des *Ming*, qui occupa le trône de la Chine depuis l'an 1403 jusqu'en 1424.

et le nom honorifique, Y-tchi. Il possédait des milliers de pièces d'or, des terres fertiles et une maison magnifique. Sa femme Tchin-chi ne lui avait donné qu'un fils, qui fut surnommé Chen-k'i, c'est-à-dire digne continuateur de la réputation de son père. A peine fut-il devenu grand, qu'il prit une épouse, et bientôt après il eut le malheur de perdre sa mère. Le gouverneur résigna sa charge et resta veuf. Quoiqu'il fût fort avancé en âge, il était encore sain d'esprit et plein de force et de santé. Le soin d'aller recueillir ses loyers et toucher les intérêts qui lui étaient dus, offrait un aliment continuel à son infatigable activité. Il aurait rougi de laisser couler oisivement ses jours au milieu des jouissances que procurent le luxe et l'opulence.

Un jour que le vieillard venait d'atteindre sa soixante-dix-neuvième année : « Il est rare, lui dit Ni-chen-k'i, qu'un homme vive soixante-dix ans ; l'antiquité n'en offre que peu d'exemples. Maintenant, mon père, vous venez d'entrer dans votre soixante-dix-neuvième année ; encore un an, et la quatre-vingtième s'appesantira sur votre tête. Pourquoi ne point vous soulager des soins pénibles qui vous accablent, en me confiant l'administration de toutes vos affaires ? Ne seriez-vous pas plus heureux en partageant vos instants entre les plaisirs de la table et les douceurs du repos ?

— Si je n'ai plus qu'un jour à vivre, répondit le vieillard en remuant sa tête chauve, j'administrerai encore un jour ; par là je t'épargnerai maintes fatigues d'esprit et de corps, et je ferai quelques économies afin de pourvoir à tes besoins. Tant que ces deux frêles piliers pourront encore me soutenir, pourquoi ne me serait-il pas permis de gérer moi-même mes affaires? »

Tous les ans, dans le dixième mois, le gouverneur allait chez ses fermiers pour recueillir ses loyers, et il y demeurait jusqu'au nouvel an. Le bon vieillard devenait, pour toutes les personnes de la maison, l'objet de mille prévenances et des attentions les plus délicates; c'était à qui lui ferait fête. Poules et faisans, vins délicieux, conserves de fruits, rien n'était épargné pour multiplier ses jouissances.

Cette année, les deux derniers mois s'écoulèrent si rapidement pour lui, que, sans s'en apercevoir, il demeura quelque temps de plus qu'à l'ordinaire. Un jour qu'il avait du loisir, il sortit l'après-midi pour faire le tour de sa propriété, et jouir en se promenant de l'aspect varié des sites champêtres. Soudain, il voit venir une jeune personne accompagnée d'une vieille dame à cheveux blancs. Elle se dirigea vers une pièce d'eau, et, se penchant sur le bord, se mit à laver des vêtements, et à les battre sur une pierre blanche et polie. Quoique cette jeune fille fût vêtue comme une simple villageoise, son visage brillait d'une fraîcheur et d'une grâce modeste qui faisaient oublier son humble condition.

« Sa chevelure était d'un noir luisant[1]

1. Les passages marqués de guillemets sont écrits en vers.

« comme la laque de l'arbre *Tsi;* ses yeux « en amande brillaient comme les flots qui « se jouaient à ses pieds ; ses doigts étaient « blancs et délicats comme les jeunes tiges « de *Tsong;* sur son front se détachaient « deux arcs gracieux, on eût dit qu'un « habile pinceau en avait dessiné les con- « tours ; une robe d'étoffe commune em- « brassait sa taille svelte et légère, et faisait « ressortir ses attraits avec plus d'avantage « que si elle eût été tissue de soie et ornée « de riches broderies ; sa tête était surmontée « d'un bouquet champêtre qui, grâce aux « charmes répandus sur toute sa personne, « la parait mieux qu'une aiguille à tête de « perle ou que des fleurs d'étoffe brochée « d'or. Cette jeune beauté comptait dix-huit « printemps. »

A peine le gouverneur l'a-t-il aperçue, qu'un trouble secret s'empare de ses sens et se répand sur son visage ; ses yeux étincellent, tout son corps tressaille, il reste muet d'admiration.

Après avoir fini de laver ses vêtements, la jeune fille quitte le bassin, et s'éloigne sur les pas de la dame à cheveux blancs. Notre vieillard l'observe avec une inquiète émotion, la suit des yeux, et remarque qu'après avoir dépassé plusieurs maisons du village, elle va frapper à la porte d'une petite cabane blanche, dont l'accès était défendu par une haie de bambous entrelacés. Elle entre et disparaît.

Le gouverneur retourne en toute hâte sur ses pas, appelle le fermier, et lui expose en détail la rencontre qu'il vient de faire.

« Allez, lui dit-il, trouver les parents de cette jeune personne, et prenez sur elle d'exactes informations. Demandez surtout si elle est fiancée à quelqu'un ; dans le cas contraire, mon intention est de l'épouser en qualité de femme secondaire. Mais j'ignore si elle daignera écouter mes vœux. »

Le fermier partit comme un trait, impatient d'exécuter les ordres de son maître. Il ne fut pas longtemps à savoir que le nom de famille de la jeune personne était Meï, et que son père avait été un lettré de la première distinction. L'ayant perdu presque en même temps que sa mère, dès sa plus tendre enfance, elle avait été recueillie par sa grand'mère, qu'elle ne quittait pas un seul instant. Elle comptait alors dix-huit printemps, mais elle n'avait encore été promise à personne.

Après avoir obtenu tous les renseignements nécessaires, le fermier va trouver la dame à cheveux blancs. « Mon maître, dit-il, a remarqué votre petite-fille, et, charmé de sa beauté et de ses manières distinguées, il désire vous la demander en mariage pour en faire sa femme secondaire. Quoique ce soit un rang modeste, je puis vous assurer que, comme il a perdu depuis bien des années sa femme légitime, et n'a personne pour gouverner sa maison, aussitôt qu'elle sera devenue son épouse, elle sera richement vêtue et délicatement nourrie, et qu'enfin rien ne manquera à ses désirs. Vous-même, madame, vous pouvez compter, qu'il vous donnera, jusqu'à la fin de vos jours, du thé, du riz en abondance, et de beaux habits ; et quand votre dernière heure aura sonné, il se fera un devoir de vous conduire au champ du repos au milieu des cérémonies convenables, et avec une pompe digne de son rang et de sa fortune. Tout ce que je crains, madame, c'est que vous ne sachiez point profiter du bonheur qui vient au-devant de vos vœux. »

En entendant ces paroles, qui lui paraissaient belles comme une étoffe de soie ornée de fleurs et de broderies, la vieille dame fit un signe affirmatif ; et comme ce mariage lui paraissait fixé d'avance par le ciel, cette seule entrevue suffit pour le ratifier.

Le fermier revint trouver le gouverneur, que cette nouvelle transporta de joie. Il choisit les présents de noce, et prit un calendrier pour trouver un jour heureux. Cependant il craignait que son fils ne mît des obstacles à l'union qu'il projetait. Or, comme c'était dans la ferme que s'étaient faites les fiançailles, ce fut là aussi que s'accomplit le mariage. Le soir des noces, c'était vraiment un spectacle touchant que de voir le vieillard et sa jeune épouse. Le passage suivant, tiré d'une pièce galante faite à cette occasion, expliquera mieux ma pensée.

« D'un côté, c'est un vieillard à che-
« veux blancs, couvert d'un vêtement de
« crêpe foncé; de l'autre, une jeune fille
« avec sa chevelure noire et ondoyante, et
« riche de toilette et d'attraits. La plante

« grimpante et l'arbrisseau jeune et par-
« fumé qu'elle embrasse de ses branches
« arides, offrent une idée fidèle de ce couple
« inégalement assorti. Celle-ci palpite d'in-
« quiétude, celui-là est agité d'une crainte
« secrète. Il craint que, dans la lutte qui
« va s'engager, son courage ne réponde mal
« à l'ardeur qui l'anime. »

Dès que la nuit fut venue, le vieillard soutint noblement le combat qui devait couronner ses vœux, et renouvela plus d'une fois ses anciennes prouesses.

Le quatrième jour, le gouverneur fit venir une chaise à porteurs, et conduisit chez lui sa nouvelle épouse pour la présenter à son fils et à sa bru.

Tous les gens de sa maison, hommes,

femmes, jeunes filles, accoururent à l'envi pour lui rendre leurs devoirs, et, après s'être prosternés jusqu'à terre, l'appelèrent Siao-naï-naï, qualification respectueuse qui répond au titre de *jeune épouse*. Le gouverneur leur distribua à tous des pièces d'étoffes assorties à leur goût et à leur condition; et chacun d'eux s'en retourna enchanté du maître et de ses cadeaux.

Cependant Ni-chen-k'i ne partageait point l'allégresse générale. Il est vrai qu'en face, il n'osait ouvrir la bouche et manifester son mécontentement. Mais, lorsqu'il était à l'écart avec sa femme, il ne pouvait contenir son indignation. « Convenez, lui disait-il, que ce vieux barbon blesse tout sentiment de convenance, lui qui chancelle sous le poids des années, et dont la vie est comme la flamme d'une lampe exposée au souffle du vent. Peut-on prendre un tel parti sans en prévoir les conséquences? Pour cinq ans, dix ans peut-être qu'il lui reste encore à être au monde, croit-il faire une chose bien louable, bien morale surtout, en épousant cette jeune personne, fraîche et brillante comme une branche chargée de fleurs, et qui, pour prix d'un tendre attachement, ne recevra que des caresses froides et impuissantes? En second lieu, voit-on beaucoup d'octogénaires prendre des compagnes de dix-huit ans? Bientôt, la décrépitude du mari le rendra insupportable à sa jeune épouse. Déçue dans son ardeur légitime, elle s'abandonnera à tous les travers du vice, et sa honte, son déshonneur, rejailliront sur notre famille. Enfin ce mariage ne ressemble-t-il pas à un fléau dont le ciel nous frapperait à la veille d'une abondante récolte? Après avoir capté la confiance de son vieil époux, elle soustraira, tantôt un objet, tantôt un autre, pour se faire à nos dépens un riche pécule. Un jour, elle lui demandera des robes, un autre jour, des parures. Aveuglé par sa folle passion, il n'osera rien lui refuser, jusqu'à ce qu'enfin, pillé et dépouillé de tout, il voie se réaliser le proverbe : *Quand l'arbre est abattu, les oiseaux s'envolent.* Semblable au ver qui ronge le cœur de l'arbre et à l'insecte qui dévore les céréales, elle soutirera peu à peu la fortune de notre père et le réduira à la mendicité; puis, un beau matin, elle pliera bagage et ira jouir ailleurs du fruit de ses rapines. Cette jeune femme, avec ses grâces et ses attraits tant vantés, n'a-t-elle pas tous les dehors d'une courtisane? Entièrement dépourvue de dignité et de noblesse, elle n'a rien qui décèle une origine distinguée. Compagne assidue du vieillard qu'elle a rendu l'esclave de tous ses caprices, elle se donne des airs d'importance, et affecte le ton et les manières d'une personne de qualité ! Cependant quel est son rôle auprès de notre père? N'est-ce pas tour à tour celui d'une concubine et d'une domestique? Espérons qu'un jour il lui faudra bien rabattre de ses prétentions. Peut-on concevoir l'aveuglement d'un père qui enjoint à tout le monde de ne désigner cette créature que par la plus noble qualification [1]. Croit-elle que

1. Celle de *Siao-naï-naï*. Voy. plus haut, p. 74, ligne 4.

nous nous soumettrons à cette humiliante étiquette, et que nous lui obéirons comme des valets? Excellent moyen pour lui donner une haute idée d'elle-même, et nous attirer le lendemain de sa part les plus cruels affronts! »

C'est ainsi que les deux époux murmuraient entre eux, et s'emportaient en injures grossières contre leurs parents. Ces propos, saisis par des personnes indiscrètes, se propagèrent de bouche en bouche, et arrivèrent bientôt aux oreilles du vieillard.

Quoique le gouverneur en fût vivement affligé, il sut se contenir et renfermer dans son sein la douleur qui l'accablait. Heureusement que sa jeune femme était douée du caractère le plus doux et le plus affable. Pleine de déférence et de soumission pour ses supérieurs, elle accueillait avec une grâce parfaite les personnes placées sous ses ordres; de sorte que, dans la maison, elle rendait tout le monde heureux.

Deux mois étaient à peine passés qu'elle se trouva enceinte. Elle cacha si bien cet événement, qu'il n'y avait que son mari qui fût dans le secret. Trois mois, six mois s'écoulèrent sans que son état excitât le moindre soupçon; enfin, le neuvième mois, elle donna le jour à un fils.

A cette nouvelle, toute la maison fut frappée d'étonnement et d'admiration.

Comme ce jour était justement le neuvième de la neuvième lune, l'enfant fut appelé Tchong-yang-eul, nom qui devait être son nom d'enfance, et rappelait l'époque précise où il était venu au monde.

Le onzième jour du même mois était l'anniversaire de la naissance du gouverneur, qui entrait dans sa quatre-vingtième année. Sa maison fut bientôt remplie d'une foule de visiteurs, qui vinrent lui présenter leurs compliments et leurs félicitations.

Le vieillard leur donna un repas splendide pour célébrer à la fois l'anniversaire de sa naissance, et la cérémonie où l'on baigne le nouveau-né, lorsqu'il a atteint son troisième jour.

« Seigneur, disaient les convives, en vous voyant obtenir un second fils dans un âge aussi avancé, il est aisé de juger que votre corps n'a rien perdu de sa vigueur, et que vous arriverez à la dernière période de la vieillesse. »

Mais cet événement, qui faisait le bonheur du père, excitait en secret le dépit de Ni-chen-k'i. Chacun sait, disait-il, qu'à soixante ans, l'homme perd communément cette qualité qui est le caractère de l'âge viril; à plus forte raison à quatre-vingts! A-t-on jamais vu un arbre desséché se couronner de fleurs? Pour moi, je ne sais à qui attribuer cet être équivoque, mais je suis convaincu que mon père est complétement étranger à sa naissance. Décidément, je ne puis reconnaître pour mon frère un enfant dont l'illégitimité n'est que trop évidente. »

Ces propos revinrent encore aux oreilles du vieillard, qui les renferma au fond de son cœur.

Mais le temps s'écoule avec la rapidité de la flèche qui fend les airs. Une année révolue s'était écoulée depuis la naissance de Tchong-yang-eul. C'était l'époque où l'on célèbre la cérémonie antique appelée *Souï-pan-hoeï*[1]. Tous ses parents et ses amis vinrent le féliciter. Mais Ni-chen-k'i quitta la maison pour ne point tenir compagnie aux nouveaux hôtes.

Le vieillard, qui connaisait le motif secret de cette conduite, ne fit nulle tentative pour le ramener et l'inviter à la fête de famille qui se préparait. Pour lui, il resta auprès de ses parents et but avec eux tout le long du jour. Cependant, il avait le cœur

1. Dès qu'un enfant est âgé de douze mois accomplis, toute la famille se réunit dans la maison du père. On place devant lui, si c'est un garçon, des jouets ayant la forme d'arc, de flèches et de pinceaux ; et, si c'est une fille, un couteau, une petite aune, des aiguilles et du fil. Le choix que fait l'enfant, permet de juger de ses dispositions futures.

si oppressé par le chagrin que lui causait son fils aîné, qu'il ne put ouvrir la bouche pour proférer une seule parole.

Comme Ni-chen-k'i était naturellement avare et jaloux, une seule chose absorbait sa pensée : c'était que Tchong-yang-eul n'héritât un jour d'une partie de la succession de son père. Voilà le vrai motif qui l'empêchait de le reconnaître pour son frère. Dans l'origine, il se vengea par l'injure et la calomnie; plus tard, il alla jusqu'à maltraiter le fils et la mère.

Le gouverneur, que son savoir et sa pénétration avaient conduit aux emplois les plus éminents, n'eut pas de peine à démêler les ressorts secrets de sa conduite. Par malheur, il sentait chaque jour le progrès des ans, et il craignait de ne point voir l'époque où Tchong-yan-eul aurait atteint sa majorité. « Quand je ne serai plus, se disait-il, cet enfant tombera sous la puissance de son frère aîné. Si je traite ce dernier avec toute la sévérité qu'il mérite, ce sera lui fournir plus tard, contre mon second fils, mille prétextes d'animosité et de vengeance; il vaut mieux user de patience et de ménagements. »

Si la vue du jeune enfant causait toujours au père un redoublement de tendresse, il ne pouvait se défendre d'un sentiment de pitié, en voyant sa mère si faible et si timide, qui allait bientôt se trouver sans appui. Cette pensée était sans cesse présente à son esprit, et y faisait naître tantôt les regrets les plus amers, tantôt la douleur et le désespoir.

Quatre printemps se passèrent encore, et l'enfant atteignit sa cinquième année. Le vieillard, voyant qu'il était doué d'une rare intelligence, et que, d'un autre côté, il aimait à jouer et à folâtrer, songea à l'envoyer à l'école, afin qu'il acquît un jour, par des études solides, du talent et de la réputation. Comme le frère aîné portait le nom de Chen-k'i, il voulut l'appeler Chen-chu, expression qui signifie également *digne successeur* de son père.

Il choisit un jour heureux, prépara une collation, et ordonna à Chen-chu d'aller de sa part inviter le maître qui devait lui donner des leçons.

Or, ce maître était le même à qui le gouverneur avait confié l'éducation de son petit-fils. Désormais le jeune oncle et le neveu devant avoir ensemble le même professeur, c'était, comme l'on dit, *faire d'une pierre deux coups*.

Qui aurait pensé que Ni-chen-k'i était bien loin de ne faire qu'un cœur et qu'une âme avec son père ? Voyant que le jeune enfant avait été surnommé Chen-chu, expression qui le mettait sur la même ligne que lui, il éprouva le plus vif mécontentement. « D'ailleurs, disait-il en lui-même, mon fils étudiant avec lui, ne faudra-t-il pas qu'il l'appelle son oncle ? Cette qualification, fortifiée par une longue habitude, inspirera à celui-ci un sentiment de supériorité qui dégénérera en tyrannie. Il vaut mieux retirer mon fils de l'école et lui donner un autre maître. »

Sans cesse, il allait chercher son fils sous prétexte qu'il était malade, et lui faisait souvent manquer la classe pendant plusieurs jours de suite.

Dans le commencement, le gouverneur s'imagina que son neveu avait en effet une indisposition réelle; mais, au bout de quelque temps, le maître vint l'informer que Ni-chen-k'i avait trouvé un autre professeur pour son fils, et qu'ainsi les deux enfants fréquentaient chacun une école séparée. Il ajouta qu'il ne pouvait deviner le motif d'un tel changement.

Cette affaire n'aurait eu aucune suite fâcheuse, si le vieillard n'en eût rien su. Mais, à cette nouvelle, il entra dans une colère violente. Il voulait d'abord aller trouver son fils et lui faire expliquer sa conduite. Cependant, après quelques instants de réflexion : « Puisque le Ciel, dit-il, m'a donné un fils aussi pervers et aussi dénaturé, à quoi aboutiraient mes reproches ? Il est plus prudent de ne point m'occuper de lui. »

Le gouverneur revint chez lui, l'âme navrée de douleur. Dans le trouble où il était, il heurta du pied contre le seuil de la porte et tomba à la renverse. Meï-chi accourut le relever, et le conduisit sur un canapé ; il était privé de connaissance et de sentiment. Sans perdre de temps, elle appela un habile médecin, qui, après avoir tâté le pouls du vieillard, déclara qu'il avait gagné une fraîcheur, et qu'actuellement il était agité par la fièvre. Il prit de l'eau tiède, lui en arrosa le visage pour rappeler l'usage de ses sens et le fit porter sur son lit.

Quoique le vieillard eût repris connaissance, il se sentait comme paralysé de tous ses membres, et ne pouvait faire le plus léger mouvement. Meï-chi ne quittait point le chevet de son lit; tantôt elle faisait chauffer des bouillons, tantôt elle préparait les potions prescrites, et rendait à son époux tous les soins que lui suggérait sa tendresse.

Le vieillard ayant pris plusieurs médicaments sans éprouver aucune amélioration, le docteur lui ouvrit la veine ; puis il annonça que les ressources de l'art étaient impuissantes, et que le malade n'avait pas deux jours à vivre.

A cette nouvelle, Ni-chen-k'i vint plusieurs fois jeter un coup d'œil, et s'assurer de la véracité du médecin.

Voyant que l'état du vieillard empirait d'heure en heure, il resta convaincu qu'il ne relèverait pas de cette maladie. Alors il se mit à faire du bruit dans la maison, à gronder les servantes, à frapper les valets, et à déménager les effets de son père. Le vieillard s'en aperçut, et la douleur qu'il en ressentit avança encore le terme de ses jours. La jeune femme ne cessait de pleurer et de gémir. L'enfant lui-même n'alla point en classe, et resta dans la chambre pour veiller son père.

Le gouverneur, sentant que sa fin approchait, fit appeler auprès de lui son fils aîné, et prenant un registre qui contenait les titres de ses terres et de ses maisons, et l'état de toutes les personnes attachées à son service, il le lui remit et lui dit : « Chen-chu n'a que cinq ans ; il a encore besoin qu'on s'occupe de son entretien. Sa mère est trop jeune pour administrer ma maison ; si je lui donne une partie de ma fortune, elle ne saura pas en régler l'emploi. J'aime mieux vous instituer mon légataire universel. Si Chen-chu atteint l'âge viril, je vous prie de lui tenir lieu de père. Vous lui chercherez une compagne, et vous lui donnerez une petite maison et cinq ou six arpents de bonne terre, afin qu'il puisse se garantir de la faim et du froid, et pourvoir à tous ses besoins. Ces différentes recommandations sont consignées de point en point dans le livre que voici. Quant à vivre tous ensemble ou séparés, c'est une question que je laisse à votre choix. Si Meï-chi désire former de nouveaux liens, laissez-la suivre son inclination. Si, au contraire, elle persiste à demeurer veuve et à passer ses jours avec son fils, n'exercez aucune contrainte pour l'en détourner. Quand je ne serai plus, exécutez ponctuellement mes dernières volontés. Par là, vous ferez éclater votre piété filiale. Alors je pourrai reposer en paix dans le sombre empire. »

Ni-chen-k'i prit le livre, et, au premier coup d'œil, il y vit nettement exposés tous les détails de la succession. Son visage s'épanouit, et d'un air rayonnant : « Mon père, s'écria-t-il, n'ayez ni crainte ni inquiétude, j'exécuterai avec un soin religieux tous les ordres que vous venez de me donner. »

Sans perdre de temps, il recueillit le livre, et partit en bondissant de joie.

Meï-chi, le voyant déjà loin, se mit à sangloter et à fondre en larmes. Puis montrant son fils au vieillard : « Cet enfant, que vous traitez comme un ennemi, n'est-il point votre rejeton légitime? n'est-ce point votre sang, n'est-ce point une portion de vous-même? et cependant vous abandonnez à votre aîné la possession de tous vos biens! Comment voulez-vous que moi et mon fils nous vivions le reste de nos jours?

— Vous ignorez le vrai motif de ma conduite, reprit le gouverneur. Voyant que Chen-k'i était un homme sans principes et sans loyauté, j'ai pensé que, si je partageais également ma fortune entre mes deux fils, la vie de ce tendre enfant pourrait être exposée aux plus grands dangers. J'ai mieux aimé, pour le satisfaire, lui abandonner l'héritage de tous mes biens, afin que, dans la suite, vous n'eussiez rien à craindre de sa jalousie et de sa haine invétérée.

— Quoi qu'il en soit, répondit Meï-chi, vous connaissez l'ancien axiome : Qu'un fils soit né d'une femme du premier ou du second rang, c'est toujours un fils. Si donc un père se laisse guider par une aveugle partialité, et donne tout à l'un au préjudice de l'autre, il ne peut échapper aux traits de la raillerie.

— Ces observations, reprit le gouverneur, ne changeront rien à mes volontés; j'ai mes raisons pour agir ainsi. Profitez du temps que je vis encore pour mettre votre fils sous la tutelle de Chen-k'i ; et, tôt ou tard, quand je ne serai plus, choisissez-vous un mari selon votre cœur, avec qui vous puissiez finir heureusement le reste de vos jours. Mais gardez-vous de demeurer auprès d'eux ; ils vous abreuveraient de peines continuelles.

— Quelles paroles se sont échappées de votre bouche? s'écria Meï-chi. Votre servante appartient à une famille de lettrés ; elle repoussera jusqu'à la fin de sa vie la pensée de former de nouveaux liens. D'ailleurs, n'ai-je pas un fils à qui je me dois tout entière ? Comment aurais-je le cœur assez dur pour me détacher de lui ?

— Se peut-il, reprit le gouverneur, que vous soyez fermement décidée à demeurer toujours veuve ? Ne craignez-vous pas de vous en repentir bientôt ? »

Meï-chi scella par un serment la résolution qu'elle venait d'exprimer.

« Eh bien ! dit le gouverneur, puisque votre esprit est inébranlable, n'ayez point d'inquiétude sur votre sort et sur celui de votre fils : votre existence est assurée. »

A ces mots, il chercha sous son oreiller, et en retira un objet qu'il remit à Meï-chi. D'abord, elle s'imagina que c'était un manuscrit qui contenait la donation de quelque portion de son bien. Mais, au premier coup d'œil, elle reconnut que c'était une peinture d'un pied de large sur trois de long.

« Que voulez-vous que je fasse de cette peinture? s'écria Meï-chi.

— C'est un portrait de famille, repartit le gouverneur; il renferme un mystère de la plus haute importance. Conservez religieusement cette peinture, et gardez-vous surtout de la montrer à qui que ce soit. Mais quand votre fils sera devenu grand, si Chen-k'i ne lui donne aucune marque d'intérêt, renfermez votre secret au fond de votre cœur, et attendez jusqu'à ce qu'on vous signale un magistrat sage, intègre et d'une rare pénétration. Vous lui présenterez cette peinture, et, après lui avoir fait connaître mes dernières volontés à cet égard, vous le prierez de vous donner la solution de l'énigme qu'elle renferme. L'explication désirée viendra s'offrir naturellement à son esprit, et de suite vous trouverez de quoi vivre, vous et votre fils, et vous procurer même toutes les jouissances de la fortune. »

Meï-chi prit et serra la peinture, sur laquelle nous reviendrons tout à l'heure.

Le gouverneur vécut encore quelques jours. Sa tendre épouse recueillit son dernier soupir, qui s'exhala au milieu d'une lente agonie. Il avait quatre-vingt-quatre ans.

« Le ciel nous donne une portion d'existence ; nous la dépensons de cent manières. Mais un jour la mort survient, et fait évanouir tous nos projets. »

Revenons maintenant à Ni-chen-k'i. Se voyant en possession du livre qui contenait les titres des propriétés de son père, il vint demander, l'une après l'autre, les clefs de tous les appartements. Chaque jour, il passait en revue le mobilier et en faisait d'avance l'inventaire. Comment aurait-il eu le temps d'aller chez son père pour s'informer de son état? Mais lorsqu'il eut rendu le dernier soupir, Meï-chi envoya une servante lui porter cette triste nouvelle. Les deux époux accoururent en toute hâte, et, après avoir à peine donné quelques regrets à leur père, ils s'en retournèrent au bout d'une demi-heure, abandonnant à Meï-chi le soin de veiller sur ses restes inanimés.

Heureusement qu'avant leur arrivée, elle avait préparé elle-même tous les objets nécessaires pour les funérailles. Après avoir enveloppé le corps de son époux de ses derniers vêtements, et l'avoir déposé dans le cercueil, elle prit le costume de veuve, et resta avec son fils pour garder la salle funèbre. Du matin au soir, elle pleurait et poussait des sanglots, et ne s'éloignait pas un instant du cercueil, qu'elle tenait étroitement embrassé.

Chen-k'i ne s'occupait qu'à faire ou à recevoir des visites; quant au deuil et à la douleur, il y restait complétement étranger. Il choisit un jour de la même semaine pour célébrer les obsèques. A peine cette triste cérémonie est-elle terminée, qu'il va dans la chambre de Meï-chi, bouleverse les coffres, et fouille toutes les cassettes, craignant sans doute que son père n'y eût laissé quelque argent provenant de ses économies.

Meï-chi, qui était douée d'une grande pénétration, eut peur qu'il ne s'emparât de la peinture. Elle prit deux petites caisses qu'elle avait apportées en ménage, les ouvrit elle-même la première, et, après en avoir retiré quelques anciens habits, elle engagea Chen-k'i et sa femme à venir les visiter. Chen-k'i, voyant son désintéressement, renonça à pousser plus loin ses recherches. Enfin les deux époux s'en retournèrent, laissant la maison paternelle dans un désordre complet.

Meï-chi, accablée de mille pensées douloureuses, ne cessait de pousser des cris et des sanglots. Le jeune enfant, témoin du désespoir de sa mère, mêlait ses larmes aux siennes, et faisait entendre des plaintes déchirantes.

« Quand on serait insensible comme une statue d'argile, comment pouvoir retenir ses pleurs? Quand on aurait des entrailles de fer, comment se défendre d'un sentiment de compassion? »

Le lendemain Ni-chen-k'i fit venir un charpentier, visita avec lui la chambre du gouverneur, et lui donna ordre de la reconstruire sur un nouveau plan, et d'en changer les dispositions, afin qu'elle pût convenir à son fils. Quant à Meï-chi et et à son jeune enfant, il les relégua bien loin, dans une maison délabrée, située derrière son jardin, et leur donna pour tout mobilier un méchant grabat monté sur quatre pieds chancelants, une table composée de planches grossièrement assemblées, et quelques escabeaux vermoulus. Pour des ustensiles de ménage, il n'en fut nullement question.

Au commencement, Meï-chi se tenait dans sa chambre, et n'avait d'autre peine que de donner ses ordres à deux personnes qui la servaient. Après avoir perdu son mari, elle congédia l'aînée et ne garda que la plus jeune, qui était âgée de onze à douze ans. Celle-ci pleine d'attachement pour sa maîtresse, allait chaque jour, de maison en maison, quêter, à sa place, du riz et des herbes potagères, et se sacrifiait elle-même au point d'oublier ses propres besoins.

Meï-chi ne put souffrir une telle abnégation, et, surmontant sa timidité naturelle, alla elle-même demander le riz qui lui était nécessaire, construisit un petit fourneau en terre, et se mit à préparer ses modestes repas. Du matin au soir, et même pendant une partie de la nuit, elle travaillait de l'aiguille, et, avec le produit de ses veilles, elle achetait quelques légumes grossiers qui étaient presque sa seule nourriture. Le jeune écolier allait en classe chez un maître voisin, et il fallait encore qu'elle s'imposât un surcroît d'ouvrage pour subvenir aux frais de son éducation.

Plusieurs fois, Chen-k'i chargea sa femme de l'engager à contracter une seconde union, et envoya même des entremetteuses de mariage pour lui faire des propositions. Mais, voyant que la résistance de

Meï-chi était invincible, il cessa de l'obséder.

Comme Meï-chi était douée d'un caractère patient et résigné, et supportait tout sans mot dire, Chen-k'i, quoique naturellement violent et emporté, finit par ne plus faire aucune attention à elle ni à son fils.

Mais le temps s'écoule avec la rapidité de la flèche qui fend les airs. Chen-chu grandit insensiblement et atteignit sa quatorzième année. Or, Meï-chi avait toujours gardé la plus grande réserve sur tout ce qui lui était arrivé précédemment, et s'abstenait d'y faire la moindre allusion en présence de son fils. Elle craignait qu'il ne commît quelque indiscrétion qui pût réveiller contre elle l'animosité de Ni-chen-k'i. Mais il avait quatorze ans, et son esprit avait acquis déjà tant de perspicacité et de pénétration, qu'il devenait impossible de lui cacher plus long-temps la vérité.

Un jour, il pria sa mère de lui acheter un vêtement de soie. Elle lui répondit qu'elle n'avait point d'argent.

« Mon père, repartit Chen-chu, a exercé jadis les fonctions de gouverneur, et il n'a laissé que deux enfants. Voyez maintenant la position brillante de mon frère aîné : il est comblé d'honneurs et de richesses ; et moi, je ne puis seulement me procurer un vêtement dont j'ai besoin ! Que signifie cette choquante inégalité ? Eh bien, ma mère, puisque vous manquez d'argent, je m'en vais en demander à mon frère. »

Il dit, et part. Meï-chi court après lui, et l'arrêtant par son habit : « Mon fils, lui dit-elle, est-ce une si grande affaire qu'un vêtement, pour aller l'acheter par une démarche humiliante ? Tu connais le proverbe : *Le bonheur est comme un trésor; on l'augmente en le ménageant.* Tant que tu es encore jeune, je t'habille d'étoffe commune, mais, quand tu seras devenu grand, tu auras des vêtements de soie. Si je faisais le contraire aujourd'hui, et que je te vêtisse de soie, une fois que tu serais devenu grand, je n'aurais pas même de toile ordinaire pour te couvrir. Attends encore deux ans, et, si tu as fait des progrès dans l'étude, moi qui te parle, je n'hésiterai pas à me vendre pour te procurer de beaux habits. Il ne fait pas bon irriter ton frère aîné ;

je t'en supplie, garde-toi de provoquer sa colère.

— Vous avez raison, répondit Chenchu. »

Mais ces paroles n'étaient point sincères, et il s'en fallait de beaucoup que son cœur fût d'accord avec sa bouche.

« Je sais, disait-il en lui-même, que mon père avait beaucoup d'or et d'argent, et de vastes propriétés ; il ne pouvait manquer de les partager également entre nous deux. Croit-on que je vais rester éternellement avec ma mère, et ne me marier que sur la fin de ma carrière ? Faudra-t-il que j'abandonne l'étude, et que pour vivre je sois réduit à exercer les plus viles professions ? D'un côté, mon frère aîné, qui nage dans l'opulence, ne me donne aucune marque d'intérêt; de l'autre, ma mère ne peut se procurer une pièce d'étoffe, et n'attend que le moment de se vendre pour me donner des vêtements. Le langage qu'elle m'a tenu a quelque chose de bien surprenant. Au reste, mon frère aîné n'est pas un tigre qui dévore les hommes; qu'ai-je à redouter de sa part? »

En disant ces mots, il sort furtivement, et va droit à la maison magnifique qu'habitait son frère aîné. Il le fait demander, et, dès qu'il l'aperçoit, lui fait une profonde salutation.

« Que viens-tu faire ici, s'écria Chen-k'i, frappé d'étonnement.

— Tout le monde sait, répartit Chen-chu, que je suis le fils d'un illustre magistrat; cependant je suis couvert de haillons et j'excite la risée du public. Je viens exprès pour vous demander une pièce d'étoffe de soie, afin d'avoir des vêtements.

— Si tu veux des habits, tu n'as qu'à en demander à ta mère.

— Ce n'est point ma mère, c'est vous qui avez la jouissance de tous les biens du seigneur Ni, notre père. »

En entendant prononcer ces mots, qui paraissaient au-dessus de son âge, Chen-k'i devint rouge de colère. « Qu'est-ce qui t'a si bien fait la langue? Qui t'a poussé à venir me demander des habits, pour avoir le prétexte de me chicaner sur mes biens?

— Tôt ou tard, ces biens seront partagés. Mais ce n'est point là ce qui m'occupe aujourd'hui. Pour le moment, il me faut des habits qui répondent à mon rang et à ma naissance.

—Il te convient bien petit bâtard, de parler de rang et de naissance! Quand le seigneur Ni, mon père, aurait laissé d'immenses trésors, n'a-t-il pas pour les partager un fils et un petit-fils nés de femmes légitimes? Pour toi, dont la naissance est plus qu'équivoque, tu n'as rien à faire ici : va-t'en. Je sais bien que tu n'es point venu de ton propre mouvement. Quelqu'un t'a envoyé pour me faire cette scène scandaleuse. Mais prends garde de ne me point faire sortir de mon caractère. Je saurais bien vous expulser, toi et ta mère, de l'asile que je vous ai généreusement accordé, et vous réduire à ne pas savoir où poser la tête.

—Je suis comme vous le fils du gouverneur. Pourquoi élever des doutes sur la légitimité de ma naissance? Qu'entendez-vous par vous faire sortir de votre caractère? Auriez-vous formé le projet d'attenter à nos jours, afin de pouvoir dans la suite disposer seul de la succession?

— Petit animal, s'écria Chen-k'i, les yeux étincelants de colère, tu veux donc pousser ma patience à bout? »

A ces mots, il l'arrête par son habit, le secoue avec violence, et fait pleuvoir sur lui une grêle de coups.

Le pauvre enfant, meurtri et couvert de contusions, s'échappa à grand'peine, et vint en pleurant conter sa mésaventure à sa mère.

« Je t'avais bien défendu, lui dit Meï-chi d'un air fâché, d'aller provoquer sa colère.

Tu as été sourd à mes conseils. Il t'a maltraité ; c'est bien fait pour toi. »

Tout en disant ces mots, cette bonne mère prend le pan de sa robe, et frotte doucement les contusions dont sa tête est couverte. Mais, à la vue des blessures qu'il avait reçues, deux ruisseaux de larmes s'échappent de ses yeux.

« Une jeune veuve tient embrassé son fils orphelin. Dénuée de toutes ressources, à peine peut-elle se garantir de la faim et du froid. Parce qu'elle a perdu le seul ami qu'elle avait au monde, elle voit se dessécher loin du tronc paternel deux rameaux qui auraient dû fleurir ensemble. »

Cependant Meï-chi était accablée de

mille pensées douloureuses. Craignant donc que Chen-k'i ne conservât du ressentiment, elle lui envoya la jeune fille qui la servait pour le prier d'excuser l'étourderie d'un écolier qui, ignorant les usages du monde, avait imprudemment offensé son frère aîné et provoqué sa sévérité.

Mais le courroux de Chen-k'i était loin d'être apaisé. Le lendemain, il convoqua tous les membres de sa famille, sans oublier Meï-chi et son fils, afin de leur donner connaissance des dernières volontés de son père.

« Respectables parents, que je vois ici assemblés, leur dit-il, je vous déclare qu'un autre que moi n'aurait jamais daigné garder à sa charge cette créature et son fils. Hier, Chen-chu est venu me contester la possession de mes biens, et s'est permis même des injures auxquelles je dois mettre un terme, de peur que, plus tard, l'âge n'augmente encore son exigence et son humeur querelleuse. Aujourd'hui, je vais donner, au fils et à la mère, une habitation et sept ou huit arpents de terre; et en cela je ne fais que me conformer aux volontés de mon père, que je veux exécuter avec un soin religieux. Approchez, respectables parents, et confirmez par votre témoignage la vérité de ce que j'avance. »

Ceux-ci, qui connaissaient depuis longtemps le caractère violent de Chen-k'i, et voyaient d'ailleurs que le testament était en effet écrit de la main du gouverneur, se gardèrent bien de le contredire, de peur de s'attirer quelque mauvaise affaire.

« Avec mille pièces d'or, disaient ceux qui voulaient capter ses bonnes grâces, on ne saurait se procurer de l'écriture d'un homme de l'autre monde. Oui, nous reconnaissons bien la main du gouverneur; il ne peut y avoir le plus léger doute sur ce point. »

Ceux même qui s'attendrissaient le plus sur le sort de Chen-chu et de sa mère, n'osaient élever la voix en leur faveur. « Y a-t-il beaucoup d'hommes, disaient-ils, qui aient tous les jours de quoi subvenir à leurs besoins? Y a-t-il beaucoup de filles qui se marient avec une dot et un trousseau? Mais maintenant ils ont une habitation et des terres qui ne leur coûtent rien. Il ne faut que du courage et de la bonne volonté pour faire valoir cette propriété. Non-seulement ils auront du riz à leur suffisance, mais ils pourront encore en avoir de reste et le vendre avantageusement. »

Meï-chi, qui avait déjà été réléguée dans un coin du jardin, savait parfaitement ce que valaient les dons de Chen-k'i, mais il fallait obéir et accepter le partage. Elle emmena son fils, salua ses parents et prit congé d'eux, après s'être prosternée devant la tablette de son époux.

Chen-k'i et sa femme lui abandonnèrent quelques vieux ustensiles de cuisine, ainsi que les deux cassettes qu'elle avait apportées en ménage. Meï-chi loue une bête de somme, et, après quelques jours de marche, elle arrive à l'habitation dont nous venons de parler plus haut. Elle n'aperçoit que des terres remplies d'herbes sauvages, et une maison recouverte de quelques tuiles rares et mal jointes, et qui depuis longtemps n'avaient reçu aucune réparation. Comment habiter une cabane dont le toit faisait eau de toutes parts, et dont le plancher était toujours trempé par l'humidité du sol ?

Meï-chi balaya une chambre et y dressa son lit. Ensuite, elle appela le fermier, de qui elle apprit que ces sept ou huit arpents se composaient de terres de la plus mauvaise qualité. Dans les années d'abondance, elles ne donnaient qu'une demi-récolte, qui était insuffisante pour nourrir le cultivateur; mais, dans les années malheureuses, on ne pouvait subsister qu'à force d'emprunts et de sacrifices.

Comme Meï-chi ne cessait de répandre

des larmes, le jeune écolier, qui était doué d'une raison prématurée, lui parla en ces termes : « Mon frère et moi, nous sommes les fils du même père. Pourquoi le testament me traite-t-il avec une parcimonie aussi choquante ? Il faut qu'il y ait là-dessous quelque secret que j'ignore. Ne serait-ce point par hasard que cette pièce est fausse, et que mon père, à qui on l'attribue, est tout à fait étranger à sa rédaction. Vous savez qu'en fait d'héritage, la justice ne fait acception de personne, et n'a égard ni à l'illustration ni à l'obscurité des prétendants. Pourquoi, ma mère, ne point aller trouver un magistrat à qui vous ferez connaître cette inégalité révoltante ? Sa décision fixera nos droits et mettra un terme à nos justes regrets. »

Meï-chi, se voyant sans cesse importunée par son fils, ne put garder plus longtemps le secret qu'elle renfermait depuis longtemps dans son sein.

« Mon fils, lui dit-elle, gardez-vous de douter de l'authenticité du testament. Il est bien vrai que le gouverneur l'a écrit en entier de sa main. Vous voyant en bas âge, et craignant que votre frère aîné n'attentât à vos jours, il aima mieux, pour satisfaire son avidité sans bornes, l'instituer son légataire universel ; mais, la veille de sa mort, il me remit une peinture et me recommanda de la garder secrètement. « Elle renferme, ajouta-t-il, un mystère de « la plus haute importance. Attendez qu'on « vous signale un magistrat doué d'une rare « intelligence. Vous irez le trouver et vous

« lui en demanderez l'explication. Je vous « réponds que vous et votre fils vous aurez « de quoi vivre dans une heureuse aisance, « et que, jusqu'à la fin de vos jours, vous « n'aurez point à redouter les rigueurs de « la misère. »

—Puisque cela était ainsi, repartit Chenchu, pourquoi ne m'avoir pas prévenu plus tôt? Où est cette peinture? Je vous en prie, permettez à votre fils d'y jeter un moment les yeux. »

Meï-chi ouvrit une cassette et en retira un paquet revêtu de toile. Sous la première enveloppe, il y en avait encore une autre en papier vernissé. Après l'avoir enlevée avec précaution, elle déroula la peinture et l'étendit sur une chaise. Puis, se prosternant avec son fils le visage contre terre : « Dans une chaumière de village, s'écria-t-elle en parlant à la peinture, il n'est pas aisé de disposer une chapelle. Je vous en supplie, excusez-moi de ne pas vous rendre tous les honneurs qui vous sont dus. »

Chen-chu, ayant fini ses pieuses salutations, se leva pour examiner la peinture, avec la plus grande attention. Il voit un personnage assis. Il était vêtu de crêpe foncé, sa chevelure était blanche comme la neige, et les traits de son visage offraient une vérité d'expression qui faisait douter si c'était une peinture, ou un homme vivant. D'une main, il tenait un jeune enfant, qu'il pressait contre son sein; de l'autre, qui était dirigée en bas, il semblait montrer la terre.

Le fils et la mère raisonnèrent long-temps,

sur cette peinture, sans pouvoir résoudre l'énigme. Enfin, las de recherches et de conjectures, ils se virent obligés de la remettre dans son enveloppe. Cette tentative infructueuse leur remplit l'âme de chagrin et de découragement.

Quelques jours après, Chen-chu alla à la ville voisine, pour trouver un maître habile qui lui donnât l'explication désirée. Tout à coup, en passant devant le temple de Kouan-in, il aperçoit une troupe de villageois portant un porc et un mouton qu'ils allaient offrir en sacrifice, afin de rendre des actions de grâces à la divinité qu'on adore en ce lieu.

Chen-chu s'arrête, et, levant les yeux, il aperçoit un vieillard qui, s'appuyant sur un bâton de bambou, s'approche de la troupe et demande le motif du sacrifice qu'ils allaient offrir. L'un d'eux dit : « Nous gémissions sous le poids d'une fausse accusation qui entraînait la peine capitale. Heureusement qu'un magistrat de cette ville, qui est un homme d'une sagacité extraordinaire, a pénétré le secret de cette affaire et nous a rendus à la vie. Dans l'origine, nous avions fait un vœu à la divinité qu'on appelle Kouan-in. Aujourd'hui qu'elle a exaucé notre prière, nous venons l'accomplir avec toute la solennité convenable.

— Quelle était cette accusation calomnieuse, repartit le vieillard, et de quelle manière le magistrat a-t-il reconnu l'injustice dont vous étiez victimes, et fait éclater votre innocence ?

— Le préfet de la ville, répondit un homme de la troupe, avait, par ordre du prince, commandé à dix maisons un certain nombre de cuirasses. Moi, qui m'appelle Tching-ta, j'étais le directeur de cette entreprise. Parmi mes confrères il y avait un tailleur nommé Tchao ; c'était le plus habile ouvrier de l'endroit. Souvent, il quittait son domicile pour aller travailler en ville, et était quelquefois plusieurs jours sans revenir. Un jour, il sortit, et resta plus d'un mois dehors. Lieou-chi, sa femme, envoya de tous côtés, pour prendre des informations sur lui, et tâcher de le découvrir ; mais, quelque temps après sa disparition, le fleuve Jaune rejeta sur le rivage un cadavre dont la tête était fracassée. Les gens du pays ayant fait leur déclaration au magistrat de l'endroit, un homme d'entre eux reconnut que le corps était celui du tailleur Tchao.

« La veille du jour où il avait quitté son domicile, nous eûmes, en buvant ensemble, une petite altercation. Dans le feu de la dispute, j'entrai chez lui et je brisai quelques meubles de peu de valeur. Voilà l'affaire dans toute son exactitude. Qui aurait pensé que sa femme m'imputerait cet homicide?

« Le préfet de la ville qui se nommait Tsi (celui auquel à succédé le préfet actuel), ajouta foi à l'accusation, et me condamna à la peine capitale. Sous prétexte que mes camarades ne m'avaient point dénoncé, il les traita comme mes complices, et les enveloppa dans la même condamnation. Ayant été privés de la faculté de nous justifier et de prouver notre innocence, nous restâmes dans les cachots pendant trois années entières. Heureusement, le Ciel voulut que ce magistrat cruel fût remplacé par le seigneur Teng.

« Quoiqu'il eût obtenu ses degrés dans un concours de province, c'était un homme de l'esprit le mieux cultivé et de la plus rare pénétration. Un jour, il vint nous visiter dans la prison, afin d'examiner mûrement le crime qui nous était imputé. Il nous écouta avec une extrême bienveillance, et, touché de nos larmes et de la vérité dont notre récit était empreint, il commença à douter de notre culpabilité.

« Je suis convaincu, s'écria-t-il, qu'une
« altercation survenue à table, entre cama-
« rades, ne peut exciter une haine assez

« profonde pour pousser un homme à im-
« moler son ami. »

« Faisant droit à notre plainte, le magistrat lança un mandat d'amener contre les personnes que nous lui signalâmes comme les vrais auteurs du crime, afin de soumettre cette affaire à un nouveau jugement.

« Le seigneur Teng, voyant que la femme du tailleur Tchao ne voulait point se décider à faire elle-même sa déposition, prit le parti de l'interroger, et lui demanda si elle avait convolé en secondes noces. Lieou-chi répondit qu'étant sans fortune, il lui avait été impossible de demeurer veuve, et que déjà elle avait un autre mari.

— Quel homme avez-vous épousé? reprit le magistrat.

— Un ouvrier de la même profession

que Tchao, un tailleur appelé Chin-pan-han. »

« Le seigneur Teng le fit amener sur-le-champ, et lui demanda depuis quelle époque il était marié avec cette femme.

— Il y avait, répondit-il, un mois et plus qu'elle était veuve lorsque je l'ai épousée.

— Quelle personne a rempli auprès d'elle le rôle d'entremetteuse de mariage? Quels présents de noces lui avez-vous offerts?

— Lorsque Tchao était du monde, il avait emprunté à votre serviteur sept à huit onces d'argent [1]. Dès que j'appris la nouvelle de sa mort, j'allai trouver sa veuve et je la pressai de me rembourser cette somme. Mais Lieou-chi, étant insolvable, me supplia de

1. L'once d'argent équivaut à 7 fr. 50 c. de notre monnaie.

la prendre pour femme, afin qu'elle pût acquitter par ce sacrifice la dette de son mari. A vrai dire, je n'ai point envoyé d'entremetteuse.

— Comment, lui dit le seigneur Teng, un ouvrier ordinaire peut-il amasser une somme de sept à huit onces d'argent?

— C'était, répondit Pa-han, le fruit de mes économies pendant de longues années.»

« Le seigneur Teng lui ordonna de prendre du papier et un pinceau[1], et de dresser le compte des différentes sommes qu'il avait successivement prêtées, et qui formaient la dette en litige.

« Pa-han eut bientôt terminé cette addition, qui se composait de trente arti-

1. Les Chinois écrivent avec un pinceau qu'ils tiennent perpendiculairement.

cles, dont le total s'élevait à sept onces huit dixièmes.

« Mais à peine le magistrat y eut-il jeté les yeux, qu'il s'écria d'une voix terrible : « Tu es le meurtrier de Tchao ! Comment as-tu osé calomnier indignement un homme innocent ? »

« En disant ces mots, il fit un signe aux officiers de justice. Ceux-ci, prompts comme l'éclair, se saisissent de lui, l'étendent le ventre contre terre et lui appliquent une rude bastonnade.

« Comme Pà-han s'obstinait encore à cacher l'aveu de son crime : « J'ai découvert ton imposture, lui dit le seigneur Teng ; je t'ordonne d'obéir. Puisque tu as placé un capital, il est juste que tu en reçoives les intérêts. Ne pouvais-tu pas diviser tes fonds, et les confier, par parties égales, à plusieurs personnes? Si donc tu as prêté la somme entière au tailleur, c'est sans doute parce que tu entretenais avec sa femme des relations criminelles. Afin de palper ton argent, Tchao était de connivence avec elle, et fermait les yeux sur vos coupables intrigues. Plus tard, impatients de vivre ensemble comme mari et femme, vous avez juré sa perte, et c'est toi qui as été l'instrument du crime. De plus, tu as poussé Lieou-chi à dresser une accusation où Tching-ta est présenté comme le meurtrier de son mari. L'écriture du compte que tu viens de rédiger sous mes yeux est exactement la même que celle de la plainte ; cette ressemblance achève ma conviction. Qui peut être l'assassin de Tchao, si ce n'est toi? »

« Le magistrat fit ensuite amener la femme et ordonna de lui comprimer les doigts [1], afin de lui arracher la révélation du crime.

« Soudain, Lieou-chi changea de couleur, et devint blême comme le gardien du sombre empire. Émue, hors d'elle-même, elle ne put résister aux douleurs de la torture, et laissa échapper l'aveu qu'on exigeait d'elle. Pa-han se vit obligé de suivre son exemple.

« Or, il faut savoir que Pa-han avait, depuis longtemps, des relations secrètes avec Lieou-chi, sans que cette conduite éveillât le moindre soupçon. Plus tard, leurs rapports devinrent plus fréquents et plus intimes. Tchao s'en étant aperçu, craignit d'être en

1 Espèce de question qu'on fait subir aux femmes. On place leurs doigts entre de petits bâtons que l'on serre, d'un bout à l'autre, avec une corde.

butte aux railleries du public, et forma le projet de se séparer d'elle.

« Pa-han, étant une fois en tête-à-tête avec Lieou-chi, lui conseilla de se défaire de Tchao, afin de pouvoir vivre ensemble comme mari et comme femme, mais elle s'y était constamment refusée.

« Un jour que Tchao revenait de travailler en ville, il l'emmena adroitement dans un cabaret, et l'enivra de la manière la plus complète. Ensuite, il l'entraîna au bord du fleuve Jaune, et après lui avoir fracassé la tête avec une pierre, il le précipita au milieu du courant. Le cadavre s'enfonça dans l'eau et disparut.

« Lorsque Pa-han crut que l'affaire était suffisamment assoupie, il demanda la veuve en mariage, et vint habiter avec elle le domicile du défunt. Quelque temps après, le cadavre revint à la surface de l'eau, et fut reconnu par plusieurs personnes.

« Pa-han, ayant appris que j'avais eu une altercation avec Tchao la veille du jour où il avait disparu, pressa sa femme de dresser une plainte, et de rejeter ce meurtre sur moi.

« Ce n'est que quelque temps après la célébration des noces, qu'elle sut que Pa-han avait ôté la vie à son époux. Mais, une fois mariée, elle n'osa le dénoncer à la justice.

« Le seigneur Teng, ayant découvert les vrais coupables, leur fit subir la peine qu'ils méritaient et prononça notre acquittement.

« Ces messieurs que vous voyez sont nos parents et nos voisins, qui ont ouvert entre eux une souscription pour offrir un sacrifice, et remercier le ciel de notre délivrance. Dites-moi, vénérable vieillard, si l'on peut trouver un pareil exemple de perversité.

— Il est plus difficile encore, reprit le vieillard, de trouver un magistrat doué d'autant de sagesse et d'une aussi merveilleuse pénétration. Les habitants de notre ville doivent s'estimer heureux de le posséder. »

Après avoir écouté attentivement ce récit, Chen-chu revint trouver sa mère, et lui raconta l'histoire de ce procès dans tous ses détails. « Puisque nous avons, lui dit-il, un magistrat aussi éclairé, que tardons-nous d'aller lui présenter la peinture, et de lui exposer toutes les circonstances qui s'y rattachent ? »

Après avoir arrêté leurs projets, ils s'informèrent du jour d'audience. Meï-chi se leva de grand matin, ordonna à son fils, âgé de quatorze ans, de porter la peinture, et se présenta au pied du tribunal, en poussant de grands cris, comme pour demander justice.

Le magistrat, voyant qu'au lieu d'une pétition, elle tenait une petite peinture, ne put s'empêcher d'en témoigner son étonnement.

Meï-chi, pressé de s'expliquer, exposa dans le plus grand détail la conduite de Ni-chen-k'i à son égard, et termina sa déposition en rappelant les recommandations que le gouverneur lui avait faites, avant de mourir, au sujet de la peinture qu'elle tenait entre ses mains.

Le magistrat prit la peinture, et lui ordonna de se retirer, en attendant qu'il l'eût examinée avec toute l'attention nécessaire.

« Un portrait renferme un mystère impor-
« tant. De la découverte de ce secret, dépend
« la possession d'une fortune immense. Pour
« arracher à l'indigence une jeune veuve et
« son fils orphelin, un magistrat, doué
« d'une pénétration divine, déploie toutes
« les ressources de son cœur et de son es-
« prit. »

Meï-chi et son fils s'en retournèrent.

Mais parlons maintenant du seigneur Teng. A peine l'audience fut-elle terminée, qu'il se retira chez lui en toute hâte, et s'enferma dans sa chambre pour examiner la peinture. Il reconnut que c'était un portrait de famille, représentant le gouverneur. D'une main, il tenait un jeune enfant, qu'il pressait sur son sein; l'autre était dirigée vers la terre.

Après avoir réfléchi une partie de la journée : « Il est évident, s'écria-t-il, que ce personnage est le gouverneur, et que ce jeune enfant est Chen-chu. En montrant la terre du doigt, ne semble-t-il pas indiquer qu'il désire qu'un magistrat se pénètre des sentiments qui, dans l'autre monde, occupent son cœur paternel, et devienne le soutien et le protecteur de ce tendre orphelin?

« Cependant, se dit-il en lui-même, puisqu'il existe un testament olographe, cette affaire n'est pas de ma compétence; les dernières volontés du défunt doivent servir de loi. Quoi qu'il en soit, le gouverneur a dit que cette peinture renfermait un mystère important; il fallait bien qu'il eût de solides raisons pour parler ainsi. Pour moi, si je n'éclaircis point cette affaire, je compromets pour toujours ma réputation. »

Chaque jour, au sortir du tribunal, il prenait la peinture; il s'amusait à l'examiner pendant des heures entières, et s'épuisait en vaines conjectures. Plusieurs jours s'écoulèrent ainsi sans qu'il pût venir à bout de cette énigme, dont la solution le tourmentait jour et nuit.

Mais le ciel avait décidé que l'explication, si impatiemment désirée, viendrait se présenter d'elle-même; et bientôt un accident fort ordinaire vint révéler ce secret qui semblait fait pour déjouer toute la prudence humaine.

Un jour, dans l'après-midi, le seigneur Teng était allé sur sa terrasse pour examiner encore cette peinture, et, tout en la regardant, il se fit servir le thé. Tandis qu'il fait un pas pour recevoir la tasse qu'on lui presente, il heurte du pied contre la table et renverse une partie du thé sur la peinture. Il dépose la tasse, et, prenant à deux mains la peinture, va la suspendre à la rampe de l'escalier, afin qu'elle se sèche à la chaleur du soleil. Tout à coup, un rayon vient éclairer la peinture humide, le papier devient transparent et laisse apercevoir, entre deux feuilles superposées, plusieurs lignes perpendiculaires qui ressemblaient à de l'écriture. Le magistrat est frappé comme d'un trait de lumière. Sur-le-champ, il dédouble le papier, et trouve, sous la peinture, une pièce tracée de la main du gouverneur, qui contenait les dispositions suivantes :

« Moi, qui écris ces lignes, j'ai rempli cinq fois de hautes fonctions administratives. Je suis âgé de plus de quatre-vingts ans, et je m'attends d'un jour à l'autre à sortir de la vie ; je la quitterai sans regret. Chen-chu, le fils de ma seconde femme, vient d'atteindre un an révolu, et je n'ai pas encore eu le temps de légitimer sa naissance et d'assurer ses droits. D'un autre côté, Chen-k'i, le fils de ma première femme, est tout à fait dépourvu de piété filiale pour moi et d'attachement pour son jeune frère. Je crains même que, dans la suite, il n'attente à ses jours. Les deux grandes maisons que j'ai achetées dernièrement et toutes mes propriétés rurales, je les lui abandonne en héritage, à l'exception d'une petite chaumière, qui se trouve à gauche de mon habitation. Je veux qu'elle revienne à Chen-chu.

« Quoique cette maison soit bien exiguë, elle n'est cependant pas sans valeur. J'y ai caché, sous terre, près du mur qui se trouve à gauche, cinq mille onces d'argent, contenues dans cinq vases de terre; et, près du mur à droite, une égale somme et mille pièces d'or, réparties dans cinq autres vases. Cette somme totale équivaut au prix des terres et des propriétés que j'ai léguées à Ni-chen-k'i.

« Si, dans la suite, il se rencontre un magistrat sage et éclairé, qui rende une décision conforme aux volontés que j'exprime ici, Chen-chu lui offrira les mille pièces d'or, pour lui témoigner sa reconnaissance.

« Moi, le vieux gouverneur Ni, j'ai tracé ces dispositions de ma propre main : *telle année, tel mois, tel jour; scellé de mon cachet.* »

Or, le portrait de famille avait été exécuté, par ordre du gouverneur, à l'époque où il venait d'entrer dans sa quatre-vingt-unième année, et où son jeune fils venait d'avoir douze mois accomplis.

Dès que le seigneur Teng eut vu qu'il s'agissait de mille pièces d'or, il ne put se défendre d'une joie secrète, en songeant que cette somme devait être la récompense de son adresse et de sa sagacité. C'était, comme nous l'avons vu, un homme fin, subtil, et capable d'imaginer les plus heureux stratagèmes. Il s'arrête, et, fronçant le sourcil, recueille et pèse mûrement les idées diverses qui se présentent en foule à son esprit.

Son plan étant bien arrêté, il envoie sous main une personne auprès de Chen-k'i pour l'inviter à venir le trouver. « Je veux, ajouta-t-il, lui donner communication d'une affaire qui l'intéresse. »

Il faut savoir que Ni-chen-k'i, qui était en possession de tous les biens de son père, ne songeait qu'à inventer chaque jour de nouveaux plaisirs, et à passer sa vie au milieu des jouissances que peuvent procurer le luxe et la fortune.

Dès qu'il aperçut le messager qui portait un ordre écrit, revêtu de la signature du premier magistrat de la ville, il partit sur-le-champ et se présenta à la préfecture.

Justement, le seigneur Teng venait de se rendre à son tribunal, où l'appelaient plusieurs affaires importantes. Le messager lui ayant annoncé l'arrivée de Ni-chen-k'i, il donna ordre de l'amener devant lui.

« N'est-ce pas vous, lui demanda-t-il, qui êtes le fils aîné du gouverneur Ni?

— Oui, seigneur, je le suis.

— Meï-chi, votre belle-mère, m'a présenté une plainte où elle vous accuse de l'avoir expulsée avec son fils, et de vous être emparé de toutes les propriétés du gouverneur. Qu'avez-vous à répondre?

— Mon jeune frère Chen-chu, né d'une femme secondaire, est resté auprès de moi pendant de longues années. Dès sa plus tendre enfance jusqu'à ce jour, je l'ai élevé avec le plus grand soin et je lui ai tenu lieu de père. Ces jours derniers, la mère et le fils ont voulu me quitter et avoir un domicile séparé du mien, mais il est injuste de dire que je les ai chassés. Quant au partage des propriétés paternelles, il est fondé sur un testament olographe que le gouverneur m'a remis la veille de sa mort. Votre serviteur n'aurait jamais osé contrevenir à ses dernières volontés.

— Où est ce testament olographe?

— Il est chez moi. Si vous me permettez d'aller le chercher, je m'empresserai de le mettre sous vos yeux.

— L'accusation porte que la succession du gouverneur se monte à dix mille onces d'argent : ce n'est pas une petite fortune.

Qui sait du reste si cette pièce est bien authentique? Mais, comme vous êtes le fils d'un magistrat, on aura des ménagements pour vous. Demain, je ferai appeler Meï-chi et son fils, et j'irai moi-même vous trouver chez vous. Si le partage est fait d'une manière inégale, la justice est là. Aucun motif particulier ne pourra influer sur ma décision. »

Ensuite, d'un ton sévère, il ordonna à un officier du tribunal de faire retirer Chen-k'i, de le conduire jusque chez lui, et d'aller ensuite prévenir Meï-chi et son fils, afin qu'ils vinssent le lendemain entendre le jugement qu'ils sollicitaient.

Sur la route, l'officier, s'étant laissé gagner par les présents de Ni-chen-k'i, oublia le mandat qu'il avait reçu, et le laissa aller tranquillement. Pour lui, il se dirigea vers la chaumière qu'habitait Meï-chi avec son fils, et leur transmit les ordres du seigneur Teng. Chen-k'i fut frappé du ton ferme et sévère du magistrat, et se retira tout tremblant, dans la crainte qu'il ne vînt soumettre tous les détails de la succession à un examen rigoureux. Le fait est que les biens n'avaient point été partagés d'une manière équitable. Seulement, il s'était tenu strictement à la lettre du testament, et avait traité sa mère et son jeune frère avec une parcimonie sans exemple.

Pour justifier sa conduite et l'appuyer d'une autorité imposante, il sentit qu'il avait besoin du témoignage de ses parents et de ses amis, qu'il avait déjà convoqués jadis pour le même objet. Le soir même, il leur envoya de fortes sommes d'argent, et les invita d'une manière pressante à se rendre sans faute chez lui le lendemain matin, ajoutant que, si le magistrat les questionnait au sujet du testament, il les suppliait de le soutenir de tout leur pouvoir.

Or, depuis la mort du gouverneur, aucun d'eux n'avait été admis à sa table, mais, en recevant ces paquets d'onces d'argent, ils ne purent s'empêcher de se rappeler le proverbe : « Quand tout est tranquille, l'homme néglige les dieux et ne brûle point d'encens en leur honneur, mais, au premier danger, il devient dévot et embrasse les pieds de leurs statues. »

Chacun d'eux, riant en lui-même, profita

de cette bonne fortune pour faire diverses emplettes de fantaisie, se réservant bien d'examiner le lendemain la tournure que prendrait l'affaire et de se conduire en conséquence.

« Un fils aîné se laisse ordinairement guider par des vues d'intérêt, mais, quand il aurait pour belle-mère une femme du second rang, qu'il se garde de la traiter avec une dureté tyrannique. Aujourd'hui Chen-k'i achète au poids de l'or l'appui de ses parents et de ses amis. N'eût-il pas mieux valu, jadis, donner un vêtement de soie au jeune orphelin? »

Dès que Meï-chi eut vu le messager et eut pris connaissance de l'ordre dont il était chargé, elle reconnut que le seigneur Teng faisait droit à sa plainte et allait devenir son soutien. Le lendemain, elle se lève de grand matin, et va à la préfecture pour lui rendre visite.

« Je suis touché de votre sort et de celui de votre fils, lui dit-il avec bonté; soyez assurée que j'emploierai tout mon pouvoir pour vous faire rendre justice. Mais j'ai appris que Chen-k'i possédait un testament olographe qui émane du gouverneur. Dites-moi, je vous prie, si cette pièce est bien authentique.

— Il est bien vrai, répondit Meï-chi, que ce testament est écrit en entier de la main du gouverneur, mais cet acte est loin d'être l'expression libre de ses sentiments et de ses volontés. Son but unique était de préserver son jeune fils d'une mort certaine. Vous vous en convaincrez aisément, généreux magistrat, en examinant le livre qui contient l'état et les titres de tous les biens du gouverneur.

— Vous savez le proverbe, repartit le seigneur Teng : *Pour un magistrat intègre, c'est une tâche difficile et délicate que de partager un héritage.* Quant à présent, je vous réponds que, pendant le reste de vos jours, vous et votre fils, vous aurez abondamment de quoi subvenir à votre entretien. Mais gardez-vous de concevoir de grandes espérances.

— Seigneur, répondit Meï-chi, pourvu que mon fils et moi nous soyons à l'abri de la faim et du froid, nous serons au comble de nos vœux. Nous n'avons point la prétention de marcher de pair avec Ni-chen-k'i, ni de rivaliser avec lui de luxe et d'opulence. »

Le seigneur Teng pria ensuite Meï-chi et son fils d'aller l'attendre dans la maison de Chen-k'i.

Celui-ci avait fait disposer richement la salle de réception, et y avait fait placer un fauteuil couvert d'une peau de tigre, ainsi qu'une cassolette d'où s'exhalaient les parfums les plus exquis. Sans perdre de temps, il avait envoyé chercher ses parents et ses amis, auxquels vinrent se joindre Meï-chi et son fils. Dès qu'il les vit assemblés, il alla les saluer l'un après l'autre, glissant à chacun quelques paroles flatteuses, pour se ménager leur appui.

Quoique Chen-k'i eût le cœur gonflé de

dépit et de colère, il sut se contenir et déguiser, sous un visage riant, les sentiments qui l'agitaient. Chacun préparait d'avance le compliment qu'il devait adresser au magistrat. Ils n'attendirent pas longtemps.

Tout à coup, on entendit dans le lointain un bruit de voix confuses ; il fut facile de juger que c'était le seigneur Teng qui arrivait.

Chen-k'i arrangea son costume et sa toque, et se disposa à aller le recevoir. Ceux d'entre les parents qui étaient les plus âgés, et qui avaient l'usage du monde, attendaient le magistrat dans une attitude grave et respectueuse. Les plus jeunes, faciles à intimider, se tenaient debout et l'œil fixe, ou bien allaient furtivement à l'entrée de la porte, et promenaient au loin leurs regards, où se peignaient l'impatience et la crainte.

Bientôt, ils aperçoivent deux huissiers du tribunal, qui marchaient derrière la chaise à porteurs, et, avec de grands parasols de soie bleue, ombrageaient le gouverneur, dont la prudence et les lumières allaient se déployer d'une manière si éclatante. Arrivés auprès de la maison de Ni-chen-k'i, les deux huissiers mettent le genou en terre, en poussant un grand cri. En un clin d'œil, Meï-chi et toutes les personnes de la maison de Ni-chen-k'i tombent à genoux, et restent immobiles dans cette attitude pour recevoir le magistrat.

Le concierge s'avance; à sa voix les porteurs s'arrêtent, et déposent une chaise dont les jalousies étaient ornées de riches peintures.

Le seigneur Teng met le pied à terre, et marche vers la maison d'un pas grave et mesuré. Soudain, il s'arrête, et, regardant en haut, fait de profondes salutations, et articule nettement plusieurs réponses, comme s'il parlait à un hôte qui vînt au-devant de lui. L'assemblée est frappée de stupeur, et observe ses gestes extraordinaires et tous ses mouvements dans une muette immobilité. Ensuite, il s'avance, en faisant toujours des salutations, et marche droit à la salle de réception.

Là, il répète les mêmes cérémonies, et prononce une longue série de phrases dont personne ne peut encore saisir l'à-propos. D'abord, il se dirige vers le fauteuil, couvert d'une peau de tigre, qui était placé au midi, et fait un salut comme s'il voyait une personne assise. Ensuite, il se retourne, prend un autre fauteuil, et le pose du côté du nord, à la place que doit occuper le maître de la maison. Il s'arrête, regarde en haut, et à plusieurs reprises, s'incline d'une manière respectueuse. Enfin, il va s'asseoir sur le siége qui lui était réservé.

Toutes les personnes de l'assemblée ayant observé ses gestes et ses mouvements, qui semblaient annoncer qu'il parlait à un Dieu ou à une âme de l'autre monde, n'osèrent faire un pas en avant. Elles restèrent rangées sur deux lignes et le regardèrent d'un air stupéfait.

Soudain, le seigneur Teng s'incline sur son siége, et, croisant les mains sur sa poitrine, fait une profonde salutation. « Votre épouse, s'écria-t-il, a déposé entre mes mains une plainte relative à votre succession. Les faits qu'elle y énonce sont-ils vrais? »

Il dit, et fait mine de prêter une oreille attentive. Puis, remuant la tête, et prenant un air consterné : « Quoi! se peut-il que votre fils aîné soit un homme aussi pervers? »

Il se recueille, et écoute encore un moment :

« Où voulez-vous que votre second fils trouve des moyens d'existence? »

Il s'arrête, et après une pause de quelques minutes : « Quelles ressources peut offrir, pour vivre, cette petite maison dont vous parlez? » (*Pause.*)

« J'obéis, j'obéis. (*Pause.*)

« Je ferai remettre cet héritage à votre second fils. Comptez sur moi ; je veillerai soigneusement à l'exécution de vos volontés. »

A ces mots, il fait plusieurs salutations, s'arrête un instant, et, prenant l'air d'un homme qui refuse : « Il m'est impossible d'accepter un si riche cadeau. (*Il écoute encore.*) Eh bien vous l'ordonnez : j'obéis. »

Il dit, se lève, et, s'inclinant plusieurs fois d'une manière respectueuse. « Je vous suis, je vous suis. »

Tous les assistants le regardent d'un air stupéfait. Il se promène à grands pas dans la salle, tantôt à droite, tantôt à gauche ; puis s'arrêtant d'un air ému : « Où allez-vous, seigneur Ni ?

—Je ne vois point le seigneur Ni, s'écria le concierge avec vivacité.

— Ce prodige est cependant réel, repartit le magistrat. Ensuite, faisant approcher Ni-chen-k'i : Votre illustre père est venu me recevoir lui-même, il s'est assis tout près de moi, et m'a parlé pendant une heure. Je pense que, vous tous, vous avez entendu notre entretien.

— Pas un mot, répondit Chen-k'i.

— Je crois le voir encore, reprit le magistrat, avec sa taille élevée, ses joues pâles et décharnées, ses pommettes saillantes, ses yeux perçants, ses longs sourcils, ses larges oreilles, sa barbe argentée, son bonnet de crêpe foncé, ses bottes noires, son manteau rouge et sa ceinture d'or. Est-ce bien là son portrait ? »

Tous les assistants éprouvèrent un frémissement, et tombèrent à genoux en s'écriant :

« C'est bien lui ! c'est bien lui !

« Comment pourrais-je être si bien informé, continua-t-il, si je ne l'avais vu lui-même en personne? Le gouverneur m'a encore dit qu'il avait laissé deux vastes maisons, et qu'à gauche de celle où nous sommes se trouvait une petite masure qui en dépend. Cette circonstance est-elle exacte? »

Chen-k'i ne put cacher la vérité.

« Eh bien ! lui dit le magistrat, allons la visiter ensemble. Quand nous y serons, j'aurai deux mots à dire. »

Toutes les personnes présentes, ayant entendu le seigneur Teng dépeindre avec tant de vérité la figure et le costume du gouverneur, se persuadèrent qu'il lui était réellement apparu, et restèrent quelque temps émus de crainte et de stupeur.

Cependant cette scène n'était qu'une

adroite invention imaginée par le seigneur Teng. Quant à la vérité du portrait qu'il en avait fait, et à l'exactitude de son costume, elles lui avaient été suggérées par la connaissance particulière qu'il avait de la peinture.

« La sentence d'un sage n'est d'aucun « poids dans l'esprit d'un homme pervers; « il n'y a que les dieux et les esprits qui en « imposent aux méchants. Si le magistrat « n'eût point employé cet ingénieux stratagème, jamais ce fils dénaturé ne se serait « soumis à sa décision. »

Ni-chen-k'i ayant montré le chemin, le magistrat le suivit avec toute l'assemblée, et bientôt ils arrivèrent à la petite masure qui était située à l'est de la maison qu'ils venaient de quitter. C'était là que demeurait jadis le gouverneur, à l'époque où il n'avait encore obtenu aucun grade littéraire. Mais lorsqu'il fut élevé aux plus hautes charges de l'État, et qu'il lui fallut un hôtel vaste et richement décoré, il quitta cette modeste demeure, la convertit en un magasin, et y installa un fermier pour prendre soin des récoltes qui y étaient déposées.

Le seigneur Teng, ayant visité cette maison d'un bout à l'autre, s'arrêta dans la pièce du milieu et s'assit. Puis, s'adressant à Chen-k'i : « Votre père, lui dit-il, m'est réellement apparu ; il m'a décrit dans le plus grand détail tous les objets que renferme cette maison, et m'a chargé de la faire donner à Chen-chu. Quelles sont vos intentions à cet égard ?

— Je m'en rapporte à votre sage décision, » répondit Chen-k'i, en s'inclinant d'une manière respectueuse.

Le seigneur Teng demanda le livre qui contenait l'état de la succession, l'examina avec la plus grande attention, et s'écria à plusieurs reprises : « Quel riche héritage ! quel riche héritage ! »

Ensuite, ayant jeté les yeux sur le testament que contenait le dernier feuillet : « Le seigneur votre père, dit-il en souriant à Ni-chen-k'i, m'a précisément expliqué, il n'y a qu'un instant, tout ce que je vois écrit ici.

— Cela n'est pas possible, se dit celui-ci, en faisant un signe négatif; ce vieillard m'a bien l'air de rêver en plein jour. »

Le magistrat, l'ayant fait approcher, lui montra que, d'après le texte même du testament, cette petite maison et les terres dont elle était entourée, revenaient de droit à Chen-chu.

Meï-chi, soupirant en elle-même, était sur le point de se jeter aux pieds du magistrat pour implorer sa pitié, lorsqu'il ajouta :

« Cette maison tombe en partage à Chen-chu, ainsi que tous les objets qui s'y trouvent. »

Chen-k'i ne fit nulle réclamation. Cette maison, se dit-il en lui-même, ne renferme que des meubles brisés qui n'ont aucune valeur. Il est vrai qu'il s'y trouve encore une petite quantité de riz et de blé. Mais comme, il y a un mois, j'ai vendu les huit dixièmes de la récolte qui y était renfermée, ce qui peut en rester ne mérite aucune attention. « Sage magistrat, s'écria-t-il, je donne mon plein assentiment à ces dispositions, et je me ferai un devoir d'exécuter, de point en point, la sentence que vous aurez rendue.

— Songez bien, reprit le magistrat, à la promesse que vous venez d'exprimer ; n'allez pas en témoigner du regret, car il ne serait plus temps de revenir sur votre résolution. Puisque ces messieurs sont vos parents, je compte sur leur témoignage. »

Puis, élevant la voix : « Tout à l'heure, dit-il, le seigneur Ni, que j'ai vu face à face, m'a donné les instructions suivantes : « Au pied du mur qui se trouve à gauche « en entrant, j'ai caché cinq mille onces « d'argent, contenues dans cinq vases ; je « les donne à mon second fils. »

Chen-k'i ne put ajouter foi à ces paroles.

« Si le fait est exact, ajouta-t-il, je vous déclare que, quand il y aurait dix mille onces, je les abandonnerais sans regret à mon jeune frère.

— Quand vous feriez des difficultés, repartit le magistrat, je saurais maintenir l'exécution de votre promesse. »

A ces mots, il ordonna aux huissiers de demander une pioche et une bêche.

Meï-chi fit un signe au fermier, qui obéit sur-le-champ, et ouvrit la terre au pied du mur qui se trouvait du côté de l'orient. On trouva, en effet, cinq grands vases de terre, qui étaient remplis jusqu'au haut d'onces d'argent. On prit un de ces vases, et on compta les lingots qu'il contenait; il s'en trouva mille, qui formaient ensemble un poids de soixante-deux livres.

Tous les assistants furent frappés d'étonnement et d'admiration. Chen-k'i lui-même ne put s'empêcher de croire comme eux à la vérité de l'apparition. Si mon père ne s'était point montré au seigneur Teng, dit-il en lui-même, s'il ne lui avait pas révélé ces trésors, comment aurait-il pu en être instruit, puisque moi-même je n'avais aucune connaissance de ce dépôt?

Le magistrat, reprenant la parole et s'adressant à Meï-chi : « Au pied du mur qui se trouve à droite, il y a encore cinq mille onces d'argent, réparties dans cinq autres vases de terre ; un sixième vase contient mille pièces d'or. Tout à l'heure, le seigneur Ni m'a offert cette dernière somme pour me témoigner sa reconnaissance. J'ai refusé d'accepter ce riche cadeau ; mais il m'en a prié avec tant d'instances, que j'ai promis d'obéir à ses ordres. »

Meï-chi s'inclina jusqu'à terre, et, répondant au magistrat : « Les cinq mille onces que voici, s'écria-t-elle, ont surpassé toutes mes espérances. Si, au pied de la muraille opposée, il y a une égale somme d'argent, nous prendrons la liberté de ne point l'accepter.

— Comment pourrais-je le savoir, reprit le seigneur Teng, si le gouverneur ne m'en avait donné connaissance? Le fait que je viens d'énoncer n'est point une fiction. »

A ces mots, il ordonna au fermier d'ouvrir la terre au pied du mur opposé, et l'on trouva en effet cinq grands vases remplis d'argent, et un sixième qui ne contenait que de l'or.

Quand Chen-k'i eut aperçu cette énorme quantité d'or et d'argent, son visage s'enflamma et ses yeux étincelèrent de dépit. Il aurait voulu faire main basse sur ce trésor; mais comme il venait de donner sa parole, il se garda bien de faire la plus légère réclamation.

Meï-chi et son fils, transportés de joie, remercièrent le seigneur Teng, en se prosternant jusqu'à terre.

Quoique Chen-k'i eût la rage dans le cœur, il fit un effort sur lui-même, et balbutia quelques mots de remercîment. Le magistrat prit plusieurs sacs de cuir, y mit les pièces d'or que renfermait le sixième vase, et les fit déposer dans sa chaise à porteurs. Tous les assistants reconnurent que cette somme lui avait été promise par le gouverneur, et ils trouvèrent que c'était la juste récompense des services qu'il venait de rendre à sa femme et à son second fils. Quel homme aurait refusé un si riche cadeau? On a raison de dire : « Quand le crabe et le *Ni*[1] sont aux prises, le pêcheur vit à leurs dépens. »

Si Ni-chen-k'i eût été un homme probe et loyal, et qu'il eût vécu en bonne intelligence avec son jeune frère, il aurait partagé avec équité toute la succession paternelle. Chacun d'eux aurait eu cinq mille onces de plus à ajouter à sa portion d'héritage, et ces mille pièces d'or ne seraient point passées dans les mains du magistrat. Par cette conduite, Ni-chen-k'i se serait épargné bien des chagrins,

1. Nom d'un oiseau aquatique.

et ne serait point devenu la fable du public. Cet exemple prouve que ceux qui emploient la ruse et l'artifice, trouvent encore des gens plus adroits et plus habiles qu'eux, et qu'en cherchant à nuire aux autres, on se nuit souvent à soi-même.

Parlons maintenant de Meï-chi et de son fils. Le lendemain matin, ils se rendirent à la préfecture pour aller remercier le seigneur Teng. Celui-ci, prenant le portrait du gouverneur, y recolla le testament, et le remit à Meï-chi.

Dès ce moment, la mère et le fils comprirent le mystère que recélait cette peinture, et ils reconnurent qu'en montrant la terre, le gouverneur indiquait les trésors qui y étaient cachés.

Devenus possesseurs des dix vases remplis d'argent, ils achetèrent des terres et des jardins, et élevèrent une maison opulente. Chen-chu se maria, et eut trois fils qui firent de rapides progrès dans l'étude et acquirent de la réputation. Cette branche de la famille du gouverneur fut la seule qui devint florissante, et conserva l'éclat et l'illustration qu'il lui avait légués.

Chen-k'i eut deux fils, qui ne se distinguèrent que par leur dissipation et par leurs vices; sa maison dépérit de jour en jour, et, après sa mort, les deux grandes maisons dont ils avaient hérité, furent vendues par ses enfants à ceux de Chen-chu.

Cette histoire se répandit bientôt dans la province, et tous ceux qui en entendirent les détails, reconnurent la main de la Providence, qui châtie les méchants, et récompense les hommes vertueux jusque dans leur postérité.

## TSÉ-HIONG-HIONG-TI,

OU

## LES DEUX FRÈRES DE SEXE DIFFÉRENT.

Dans les années *Siouan-té*[1], vivait un vieillard dont le nom était *Lieou*, et le surnom *Té*.

Il demeurait à l'ouest du fleuve Jaune, dans un village appelé *Wou*, situé sur les

1. Sous le règne de Siouan-tsong, de la dynastie des Ming. Il régna en Chine depuis 1426 jusqu'en 1436.

bords du grand canal, et éloigné de la capitale d'environ deux cents *li* [1]. Comme les habitants des provinces qui venaient de la capitale, ou qui s'y rendaient, étaient obligés de passer par cet endroit, on y voyait sans cesse à l'ancre une multitude innombrable de barques, et, nuit et jour, on entendait le bruit des chevaux et des chars.

Le village était composé d'une centaine de familles, qui avaient établi un marché sur les bords du fleuve. La plupart d'entre elles jouissaient d'une heureuse aisance.

Lieou-té et sa femme touchaient à leur soixantième année et n'avaient point d'enfants. Leur petite fortune se composait de dix arpents de terre et de plusieurs maisons,

1. C'est-à-dire vingt lieues. Un *li* équivaut à la dixième partie d'une lieue.

dans l'une desquelles ils avaient ouvert une hôtellerie.

Lieou avait consacré toute sa vie à faire le bien, et son plus doux plaisir était de soulager les malheureux. Si, par hasard, les personnes qui venaient boire chez lui, se trouvaient sans argent, jamais on ne l'entendait se plaindre ; si on lui donnait trop, il prenait ce qui lui était dû et rendait le reste : il aurait été désolé d'avoir un denier à qui que ce fût. Ses amis lui disaient souvent : « Que vous êtes simple de restituer ce qui vous a été donné par erreur ! C'est un présent que le ciel vous envoie ; vous devez en profiter.

— Je n'ai pas d'enfants, répondait Lieou ; ce malheur vient sans doute de ce que, dans ma vie précédente, je n'ai point pratiqué la vertu ; le ciel m'en punit dans la vie présente, en me privant d'un héritier qui puisse, quand je ne serai plus, offrir à ma cendre des sacrifices funèbres ; et si ce malheur n'est point décrété par le destin, en gardant un seul denier à autrui, je m'attirerais quelque calamité, ou une maladie mortelle. D'ailleurs, quand j'aurais quelques pièces de monnaie de plus, quel profit m'en reviendrait-il ? Ne vaut-il pas mieux rendre à chacun ce qui lui appartient ; une telle conduite sera pour moi le gage de mille prospérités. »

Lieou-té était un modèle de droiture et de probité : aussi, dans le village, tout le monde l'appelait le bon Lieou, et il n'était personne qui ne fût pénétré pour lui du plus profond respect.

Un jour d'hiver, le froid se faisait sentir avec une rigueur inaccoutumée; un vent perçant soufflait du côté du nord, le ciel était couvert de nuages rougeâtres et la neige tombait par torrents. Pour me servir des expressions d'un poëte connu :

« On eût cru voir tomber une pluie de
« fleurs de prunier; les bambous, froissés
« les uns contre les autres, faisaient enten-
« dre un murmure continuel, et l'on sentait
« au loin l'odeur des aliziers.

« Dans ces jours rigoureux, le guerrier,
« retenu au delà des frontières, endosse la
« cuirasse d'hiver; le prince, étendu sur un
« tapis moelleux, vide la coupe d'or, et la
« jeune beauté ajoute du charbon pour ali-
« menter son foyer. »

Lieou, sentant l'intensité du froid, fit chauffer du meilleur vin, et, s'approchant du feu avec sa femme, ils vidèrent ensemble quelques tasses. Bientôt après, il se lève et va voir à l'entrée de la porte si la neige tombe encore. Il aperçoit, dans le lointain, un homme qui portait un paquet sur ses épaules. Il était accompagné d'un jeune enfant, et se dirigeait du côté d'où venaient le vent et la neige.

Lieou, frottant ses yeux obscurcis par l'âge, voit un homme d'une soixantaine d'années. Des bandes d'étoffes étaient roulées autour de ses jambes, il portait des chaussons de toile et un vêtement de soie bleue. L'enfant, qui était doué d'une figure charmante, avait des petites bottines de couleur rose et un surtout élégamment brodé.

« Le vent et la neige augmentent de plus en plus, dit le vieillard; mes membres sont transis de froid et les forces m'abandonnent : il m'est impossible d'aller plus loin. On vend du vin ici; allons en prendre quelques tasses pour nous réchauffer, puis nous continuerons notre route. »

A ces mots, il entre dans le cabaret, prend une chaise et s'assied, après avoir déposé sur la table le sac dont il est chargé, et l'enfant vient se placer auprès de lui.

Lieou se hâta de faire chauffer du vin, et servit, sur la table qui était devant eux, deux plats de viande et deux plats de légumes. L'enfant prend le vin, en verse une tasse qu'il présente au vieillard, et remplit ensuite la sienne.

Lieou, charmé de voir, dans un enfant de cet âge, autant de grâce et de prévenance, demanda au vieillard si c'était son fils, et quel âge il avait.

« C'est mon fils, répondit le vieillard; son nom d'enfance est Chin-eul. Il a maintenant douze ans accomplis.

— Oserais-je encore vous demander quel est votre nom de famille, reprit Lieou, et vers quel endroit vous vous dirigez? Comment pouvez-vous voyager dans une saison aussi rigoureuse?

— Votre serviteur s'appelle Fang-yong, repartit le vieillard. Je reviens de la capitale, où je servais dans les gardes de l'empereur. Je suis né à Thsi-ning, ville du Chan-tong, et j'y retourne à l'aide de la solde de route qu'on accorde aux soldats.

A mon tour, je prendrai la liberté de vous demander votre nom de famille.

—Mon nom de famille est Lieou, répondit celui-ci, et mon surnom Kin-ho. La ville de Thsi-ning, ajouta-t-il, est encore bien éloignée d'ici. Que ne prenez-vous une chaise pour vous y conduire? Vous ne pourrez résister aux fatigues du voyage.

— Je suis un pauvre militaire, répondit le vieillard; mes moyens ne me permettent pas de louer une chaise. Tout ce que je puis faire, c'est de me traîner à pied, en voyageant à petites journées. »

Lieou, attachant ses yeux sur le vieillard et sur son fils, s'aperçut qu'ils ne mangeaient que des légumes, et n'osaient toucher aux deux plats de viande qui étaient servis devant eux.

« Monsieur, lui dit-il, j'imagine que vous faites jeûne. »

— Nous autres militaires, répondit le vieillard, quelles raisons aurions-nous de faire jeûne ?

— S'il en est ainsi, reprit Leiou, pourquoi ne pas manger un peu de viande ?

— Je ne veux point vous cacher la vérité, dit le vieillard ; je n'ai que peu d'argent pour faire mon voyage, et c'est pour cela que je me contente de riz et de légumes ; encore dois-je craindre de ne pas avoir assez pour retourner dans ma ville natale. Si nous touchions aux autres mets, nous dépenserions en un instant l'argent de plusieurs jours. Comment pourrions-nous ensuite arriver chez nous ? »

Lieou, le voyant dans un si grand dénûment, se sentit ému jusqu'au fond du cœur.

« Par un temps aussi rigoureux, lui dit-il, vous avez besoin d'aliments solides pour réparer vos forces épuisées. Prenez de la viande et du riz, vous pourrez ensuite braver le vent et le froid. Je vous en prie, mangez suivant votre appétit ; je ne vous demande pas un denier pour votre dépense.

— Monsieur, lui dit le vieux militaire, ne riez point de ma franchise ; mais je ne puis croire qu'on donne à boire et à manger à un voyageur sans rien exiger de lui.

— Je ne vous en impose point, repartit Lieou ; votre serviteur ne ressemble point aux autres personnes de la même profession. Si par hasard un voyageur n'a point d'argent, nous le traitons avec les mêmes égards que s'il était riche, et il trouve chez nous, sans payer, tout ce dont il a besoin. Ainsi, monsieur, puisque vos provisions de voyage sont épuisées, figurez-vous que c'est moi qui vous ai invités. »

Le vieux militaire, voyant qu'il parlait sincèrement, lui répondit avec émotion : « Je vous remercie mille fois de votre générosité ; seulement, je regrette de recevoir des bienfaits sans les avoir mérités ; mais, à mon retour, j'espère pouvoir vous témoigner ma reconnaissance.

— Les hommes sont tous frères, reprit Lieou ; et, d'ailleurs, ces mets sont presque de nulle valeur. Pourquoi parler de reconnaissance? »

Le vieillard se laissa persuader, et, prenant les bâtonnets, il se mit à manger la viande qui lui avait été servie.

Lieou remplit encore deux plats de riz et les apporta sur la table. « Apaisez la faim qui vous presse, leur dit-il ; vous pourrez ensuite reprendre votre voyage.

« C'en est trop, répondit le vieux militaire ; il nous est impossible de rien accepter de plus. Mon fils et moi, nous mourions de besoin ; votre bonté nous a sauvé la vie. Jamais nous ne pourrons nous montrer assez reconnaissants. »

Le repas étant fini, Lieou pria sa femme de faire chauffer deux tasses de thé, et les leur servit.

Le vieux militaire, tirant de sa bourse plusieurs pièces de monnaie, voulut payer sa dépense, mais Lieou, l'arrêtant : « Tout à l'heure je viens de vous dire que c'est moi qui vous ai invités. Pourquoi chercher de l'argent? Si j'en acceptais, j'aurais l'air de ne vous avoir fait cette offre que pour vendre un plat de viande. Je vous en prie, gardez tout; cela vous servira pour continuer votre voyage. »

Le vieillard obéit et lui fit mille remercîments. Ensuite, il mit son sac sur ses épaules et prit congé de ses hôtes; mais à peine a-t-il quitté le seuil de la porte, qu'il voit la neige tomber en plus grande abondance qu'auparavant. Après avoir essuyé quelques instants le vent et le froid, il revient sur ses pas.

« Mon père, dit le jeune enfant, comment voyager au milieu de ces tourbillons de neige?

— Il n'y a pas moyen, répond le vieillard; tâchons seulement d'aller un peu plus loin pour trouver une hôtellerie où nous puissions passer la nuit. »

L'enfant ne put retenir ses larmes.

Lieou, touché de ce spectacle, s'écria avec émotion : « Mais quelle affaire importante peut vous faire braver le froid, le vent et la neige? Nous avons ici plusieurs chambres et des lits vacants. Que ne restez-vous avec nous, en attendant que ce mauvais temps soit passé?

— Cet arrangement me conviendrait beaucoup, répondit le vieillard; mais je sens que je ne dois pas vous importuner plus longtemps.

— Que parlez-vous d'importunité? reprit Lieou. Allons! rentrez; ne vous exposez pas davantage au vent et à l'humidité. »

Le vieillard prend le bras de son jeune fils, et obéit à l'invitation de Lieou. Celui-ci va préparer une chambre et y dépose les effets de ses hôtes. Il examine si le lit est complet, et, dans la crainte que le vieillard n'ait froid, il y ajoute plusieurs couvertures.

Il était encore de bonne heure. Fang-yong prit d'abord un peu de repos, puis il sortit de sa chambre avec Chin-eul.

Lieou avait déjà fermé sa boutique et se chauffait auprès du foyer avec sa femme. « Monsieur, s'écria-t-il en apercevant le vieillard, si vous avez froid, il y a du feu ici ; venez vous chauffer avec nous.

— Avec plaisir, repartit Fang-yong, mais

la présence de madame m'empêche de répondre à votre honnêteté; je craindrais que ce ne fût manquer aux bienséances.

—Nous sommes tous trois du même âge, répond Lieou; ce n'est point pour nous que sont faites ces sortes de cérémonies. »

Fang-yong s'approcha avec son fils et vint se placer auprès du feu.

Dès ce moment, il commença à se lier avec Lieou; et, l'appelant par son surnom, qui était Kin-ho : « Comment se fait-il, lui dit-il, que vous habitiez seul ici? Sans doute que vos fils ont ailleurs leur domicile.

—Je ne vous cacherai point la vérité, répondit Lieou : ma femme a comme moi soixante ans; elle n'a jamais pu avoir d'enfants; comment aurais-je des fils?

— Pourquoi ne pas en adopter un? repartit Fang-yong. Il serait l'appui et la consolation de votre vieillesse.

— C'était bien mon intention, dans le commencement; mais, voyant, tous les jours, des enfants adoptifs payer leurs parents d'ingratitude, et, loin de les aider, ne leur causer que de l'embarras et du chagrin, j'ai mieux aimé n'en point prendre du tout que de faire un mauvais choix. Mais si je pouvais trouver un fils qui ressemblât au vôtre, je m'estimerais le plus heureux des hommes. »

Ils causèrent ainsi pendant quelque temps, et bientôt la nuit vint les séparer.

Le vieux militaire demanda une lumière, souhaita le bonsoir à ses hôtes, et se retira avec son fils dans la chambre qui lui était destinée.

« Cher enfant, lui dit-il, que nous sommes heureux d'avoir trouvé cet homme de bien! sans lui nous serions morts de faim et de froid. Mais demain matin, que le temps soit beau ou mauvais, nous partirons de bonne heure, car il m'est pénible de lui causer tant d'importunité.

—Vous avez raison, mon père, répondit Chin-eul; mais, en ce moment, il faut nous coucher pour goûter le repos dont nous avons besoin. »

Mais tout à coup, au milieu de la nuit, le vieux militaire, qui avait été exposé assez longtemps au vent et au froid, éprouva plusieurs accès de fièvre, et sa respiration devint pénible et haletante. Il demanda de l'eau pour apaiser la soif qui le consumait.

Au milieu des ténèbres et chez des étrangers, comment son jeune fils eût-il pu en aller chercher? Il attend jusqu'au matin, se lève, et va entr'ouvrir la porte de la chambre de Lieou ; mais ni lui ni sa femme n'étaient encore levés.

L'enfant, n'osant faire du bruit, referme doucement la porte, et va, auprès du lit de son père, attendre leur réveil. Quelques instants après, il entend quelqu'un parler et sort avec précipitation.

« Mon petit monsieur, lui dit Lieou en l'apercevant, quel motif vous fait sortir de si bonne heure?

—Monsieur, répondit-il, je vais vous l'apprendre. Cette nuit mon père a ressenti un accès de fièvre, et il ne respire qu'avec peine. Il désirerait avoir un verre d'eau. Voilà pourquoi je me suis levé si matin.

— Hélas! s'écria Lieou, le froid d'hier l'aura saisi; quel bien lui fera cette eau glacée? Attendez quelques instants, je vais en faire chauffer.

— Je n'ose vous donner tant de peine, repartit le jeune enfant. »

Lieou pria aussitôt sa femme d'emplir une grande bouilloire; et, quand l'eau fut chaude, il la porta lui-même dans la chambre de Fang-yong. L'enfant souleva un peu son père, et lui en fit boire deux tasses.

Le vieillard, promenant les yeux autour de lui, voit Lieou à ses côtés.

« Monsieur, lui dit-il avec attendrissement, je vous cause bien de la peine; comment pourrai-je vous témoigner la reconnaissance dont je suis pénétré?

— Que parlez-vous de reconnaissance? répondit Lieou en s'approchant d'un air affectueux ; tranquillisez-vous, et ayez soin de vous bien couvrir, afin d'avoir chaud. Si vous pouvez transpirer, vous êtes sauvé. »

L'enfant s'éloigna du lit, et Lieou, tirant la couverture, en enveloppa avec soin le vieillard. Mais, remarquant la faiblesse du tissu : « Vous avez dû avoir froid, dit-il, avec des couvertures si légères : comment la transpiration pourrait-elle s'établir? »

Mme Lieou était à la porte de la chambre ; elle entendit les paroles de son mari, et courut chercher une grande couverture d'un tissu épais et moelleux. « Avec cette couverture, dit-elle, je ne crains pas que notre hôte sente les atteintes du froid. »

Le jeune homme vint la recevoir ; Lieou

la prit, en couvrit le malade, et se retira pour faire sa toilette.

Quand il revint dans la chambre, il demanda à Chin-eul si son père avait transpiré.

« Je l'ai touché tout à l'heure, répondit-il, et je n'ai trouvé aucun indice de transpiration.

— S'il en est ainsi, dit Lieou, il faut que le froid ait pénétré tout son corps. Je vais appeler un médecin, et le prier d'employer le secours de son art pour exciter la transpiration. Alors il sera sauvé : car c'est le seul moyen de détruire les funestes effets du froid et du vent.

— Hélas! dit le jeune homme, nous avons bien peu d'argent; comment payer un médecin et acheter des médicaments?

— Soyez sans inquiétude, répond Lieou : je me charge de tout cela. »

A ces mots, Chin-eul, frappant la terre de son front : « Je vous remercie mille fois, dit-il, de ce bienfait signalé ; vous sauvez la vie à mon père. Si, dans ce monde, je ne puis vous témoigner toute ma reconnaissance, mon unique désir est de vous servir dans la vie future, pour acquitter cette dette sacrée. »

Lieou, le relevant avec empressement : « Pourquoi tant de remercîments ? lui dit-il ; regardez-moi comme un parent : je veux en remplir les devoirs. Puis-je être insensible au malheur qui vous arrive ? Maintenant allez dans la chambre de votre père, tenez-vous auprès de lui, et rendez-lui les soins que réclame son état. Je ferai bientôt venir un habile médecin. »

Ce jour-là, la neige avait cessé de tomber, et le ciel était dégagé des nuages qui l'avaient obscurci la veille.

La neige, entassée dans les rues, avait été foulée par les chevaux et les voitures, et une boue liquide rendait les chemins impraticables.

Lieou prit des sabots et alla jusqu'à l'entrée de la rue; mais, voyant le mauvais état du chemin, il rentra dans la maison. Le jeune homme le vit revenir : il s'imagina que Lieou ne voulait pas sortir, et se mit à fondre en larmes.

Mais bientôt le bon Lieou reparut : il amenait, de la partie la plus reculée de la maison, un mulet sur lequel il monta, puis il s'éloigna en grande hâte.

Chin-eul reprit sa tranquillité. L'empressement de Lieou et l'arrivée prochaine du médecin, l'avaient rempli de confiance et d'espoir.

Le docteur, qui demeurait dans le voisinage, arriva bientôt. Il était monté sur un mulet, et derrière lui marchait un domestique, portant sur ses épaules un coffre qui contenait une petite pharmacie.

Arrivé devant la maison, le médecin mit pied à terre, et Lieou l'invita à entrer dans la salle de réception, où il lui offrit le thé; puis, il le mena dans la chambre du malade.

En ce moment, le vieux militaire avait perdu connaissance; il lui était impossible de voir ou de distinguer quoi que ce fût.

Le docteur lui tâta le pouls. « Il y a ici, dit-il, complication de maladie; je reconnais la double influence du froid et du vent.

Dans le traité des fièvres, il y a deux vers qui disent :

« Une fièvre compliquée est une maladie
« incurable.
« L'équilibre des deux principes se sou-
« tient à peine jusqu'au septième jour »

Un autre médecin vous dirait sans doute que son art peut triompher de cette maladie; mais moi, qui me fais une loi de parler avec franchise, je vous déclare, pour ne pas vous tromper, que cette sorte de fièvre est absolument sans remède. »

A ces mots, le jeune homme est glacé d'effroi, et il verse un torrent de larmes. « Monsieur, dit-il au médecin en se prosternant à terre, prenez pitié de mon père :

étranger dans ce pays, que deviendra-t-il si vous lui refusez votre assistance? Je vous en conjure, employez toutes les ressources de votre art. Si vous lui sauvez la vie, nous ne serons point ingrats.

— Mon jeune monsieur, répond le médecin en le relevant, il ne dépend point de moi de rendre la santé à votre père. Le mal a fait des progrès effrayants; dans les cas désespérés, la médecine est impuissante.

— Monsieur, reprend Lieou, le proverbe dit : Ce n'est point la médecine qui tue le malade. Je vous en prie, ne vous attachez pas strictement aux anciennes méthodes. Ayez plus de confiance en vous-même et suivez vos propres idées. Peut-être que le destin n'a point encore marqué le terme de sa vie; qui peut assurer qu'il n'en reviendra pas? Mais, s'il doit succomber, ne craignez pas que nous vous accusions de ce malheur.

— Eh bien! dit le médecin, je cède à vos instances; je vais lui donner un médicament. Si, après l'avoir pris, le malade transpire abondamment, tout espoir ne sera pas perdu. Venez promptement m'en avertir, et je vous donnerai quelque chose qui achèvera la guérison. Mais si nous n'obtenons pas l'effet que je désire, tout est fini, et il est inutile que vous me consultiez de nouveau. »

Le médecin ordonna à son domestique d'ouvrir la boîte aux médicaments, et, prenant du bout des doigts un petit paquet, il le présenta à Lieou. « Faites bouillir ceci, lui dit-il, et donnez-le au malade, après lui avoir fait prendre une infusion de gingembre. »

Lieou prit la dose, et, tirant cent deniers d'une enveloppe de papier, il les offrit au docteur. « Monsieur, lui dit-il, daignez recevoir cette somme comme une faible marque de notre gratitude. »

Le médecin s'y refusa absolument, et se retira sans rien accepter.

Pendant six jours, Lieou et sa femme prodiguèrent au malade les soins les plus assidus ; et, préoccupés de ce triste événement, ils négligeaient les affaires de leur commerce.

Le jeune homme restait auprès du vieux militaire, le soignant avec une tendre sollicitude. Il voyait la dangereuse position de son père ; et, le cœur navré de douleur, il ne songeait plus à prendre de la nourriture. A peine pouvait-on le décider à accepter quelques cuillerées de riz.

Enfin, le septième jour, Chin-eul n'avait plus de père.

« Le Ciel nous donne une portion d'exis-
« tence, et nous la dépensons de vingt ma-
« nières; mais tout à coup la mort arrive,
« et nos projets sont renversés. »

Chin-eul, dans sa douleur, se roulait à terre et poussait des soupirs déchirants. Émus de ses cris douloureux et des pleurs qui couvraient son visage, Lieou et sa femme lui prennent les mains, le relèvent, le consolent. « Pauvre enfant, lui dirent-ils, vous paraissez accablé. Tâchez de prendre un peu de repos : vos pleurs ne peuvent rappeler à la vie celui que nous venons de perdre. »

Mais lui, se jetant à genoux devant Lieou : « Monsieur, dit-il en sanglotant, l'an dernier, j'ai perdu ma mère ! Plût au ciel que je fusse descendu dans la tombe avec elle ! Mon père et moi, nous retournions dans notre pays natal, espérant y trouver un peu d'argent pour faire les obsèques de ma mère. Tout à coup, nous avons été assaillis par ce déluge de neige. Le vent, le froid, les mauvais chemins, nous exposaient à mille dangers. Votre bienfaisance nous a préservés des rigueurs de la faim et des intempéries de la saison. Ainsi le Ciel semblait nous devenir favorable ; mais, hélas ! le mal est venu fondre sur mon père, et votre humanité s'est agrandie avec nos peines. Nous avons reçu, de votre inépuisable bonté, des secours que l'on trouve rarement chez de proches parents. Combien je désirais que mon père pût se rétablir, pour acquitter la dette de sa reconnaissance ! Maintenant j'ouvre les yeux et je me vois sans parents; toutes mes ressources sont épuisées, et je n'ai pas d'argent pour acheter un cercueil et des linceuls funèbres. Je vous supplie, monsieur, d'ajouter à vos bienfaits le don de quelques pieds de terre où je puisse déposer les restes de mon père, et je n'aurai plus d'autre désir que de vous servir le reste de mes jours, pour vous payer sans cesse de tant de bienfaits. Daignerez-vous, monsieur, m'accorder la faveur que j'implore? »

En disant ces mots, Chin-eul salue le vieillard et se prosterne jusqu'à terre.

« Mon enfant, répondit Lieou en le relevant, tranquillisez-vous; je prends sur moi le soin de procurer à votre père des funérailles convenables. Faire le bien est mon vœu continuel; je m'estimerai heureux si je puis adoucir vos peines. »

Lieou, ayant acheté un cercueil et des linceuls funèbres, fit venir deux fossoyeurs, prit avec eux le corps inanimé, le couvrit de ses derniers vêtements et le déposa dans la bière. Puis il prépara un repas, offrit un sacrifice, et brûla des images de papier doré.

Nous n'essayerons pas de peindre ici la douleur et les larmes du jeune enfant.

Lieou fit transporter le corps derrière la

maison, dans un endroit qui n'était pas ensemencé, et l'ensevelit, avec un soin pieux, suivant les cérémonies prescrites. Il éleva sur sa tombe une petite colonne avec cette inscription : ICI REPOSE LE CORPS DE FANG-YONG, ANCIEN GARDE DE L'EMPEREUR.

Quand toutes les cérémonies funèbres furent terminées, le jeune Chin-eul alla se prosterner devant M. et Mme Lieou, et leur exprima sa reconnaissance.

Deux jours après, Lieou lui dit : « Peut-être voudriez-vous retourner dans votre pays natal, pour informer vos parents de la perte que vous avez faite, et y transporter les restes de votre père. Mais, avec votre extrême jeunesse, je crains que vous ne puissiez reconnaître les chemins. Restez encore quelque temps ici; attendons qu'il passe dans ce village quelqu'un de mes amis ; je vous confierai à ses soins. Il vous conduira aux lieux de votre naissance, et nous nous occuperons ensuite des moyens d'y transporter le corps de votre père. Mais j'ignore vos intentions : veuillez me les faire connaître.

— Monsieur, s'écria l'enfant en se prosternant devant lui et fondant en larmes, j'ai reçu de vous des bienfaits aussi grands que le ciel et la terre, et je n'ai pas encore trouvé l'occasion de m'acquitter envers vous. Puis-je penser à retourner dans mon pays natal ? Vous n'avez point de fils, monsieur : quoique je sois bien dépourvu de talents, si vous daignez agréer ma demande, permettez-moi de devenir votre serviteur ; que je sois près de vous du matin au soir, et qu'à chaque instant du jour, je vous rende les devoirs de la piété filiale. Peut-être qu'ainsi, dans cent ans, quelqu'un viendra, près de votre tombeau, offrir à votre cendre des sacrifices funèbres. J'irai à la capitale chercher les ossements de ma mère, pour les réunir à ceux de mon père dans le tombeau que vous m'avez accordé le long de la route. Je veux demeurer près de vous, et garder jusqu'à la fin de mes jours ces restes précieux. Tels sont, monsieur, les vœux que forme mon cœur. »

Lieou répondit : « Si je puis trouver un fils en vous, je remercierai le Ciel de cette faveur inespérée. Mais pourrais-je souffrir que vous remplissiez ici les fonctions d'un serviteur? Non, dès aujourd'hui nous ne devons employer que les noms de père et de fils.

— J'obéis avec joie à vos ordres, répondit le jeune homme. Dès aujourd'hui, vous serez mon père, et vous, madame, vous serez ma mère. »

Chin-eul se mit à genoux entre deux chaises, et, priant Lieou et sa femme de s'asseoir, il les salua quatre fois en qualité de fils adoptif.

Dès ce moment, Chin-eul changea son nom de famille en celui de Lieou. Mais Lieou ne put souffrir qu'il renonçât tout à fait à son premier nom; il voulut que Fang devint son surnom, et l'appela Lieou-fang.

Depuis ce moment, il montra pour ses parents adoptifs toute sorte de soins et d'attentions. Jour et nuit auprès d'eux, il prévenait leurs désirs, et déployait le zèle et la déférence que la piété filiale la plus tendre peut inspirer.

Mais le temps s'écoule avec la rapidité de la flèche qui fend les airs. Il y avait déjà deux ans que Lieou-fang demeurait dans la maison de Lieou. On était dans les jours les plus brûlants de l'automne. Le vent, la pluie, la tempête, exerçaient de continuels ravages. Les eaux du grand canal, gonflées subitement, s'élevaient quelquefois à la hauteur de cent coudées, et leur sourd bruissement répandait au loin l'épouvante. Le nombre des barques que le fleuve engloutissait était incalculable.

Un jour, sur le midi, Lieou-fang était occupé dans la boutique. Il entend un bruit confus, accompagné de pleurs et de gémissements. « C'est sans doute un incendie, » s'écrie-t-il ; et il court vers le lieu d'où partent les soupirs et les cris qui l'ont frappé.

Il voit un peuple immense qui se portait sur les bords du fleuve. Il fend la presse, et aperçoit au haut du courant un bateau marchand à moitié fracassé par le vent, faisant eau de toutes parts, et sur le point d'être englouti par les flots. Une partie des passagers avaient déjà péri dans le fleuve. Les uns embrassaient le mât, les autres s'attachaient au gouvernail, et imploraient du secours en poussant des cris déchirants.

En un instant, le rivage fut couvert d'une multitude de peuple. Quelques-uns disaient bien qu'il fallait secourir ces malheureux ; mais comme leur cœur n'était ouvert qu'au plus sordide intérêt, il ne s'en trouva pas un seul qui, par humanité, se décidât à braver la fureur des flots pour leur sauver la vie. D'un œil avide, ils les regardaient tomber l'un après l'autre dans le fleuve, se contentant de laisser échapper quelques expressions d'une stérile pitié.

Mais, soudain, un coup de vent vient frapper le bateau et le pousse vers le rivage. Toute la multitude jette un cri de joie. En un clin d'œil, vingt perches armées de crochets sont dirigées sur la barque, la saisissent toutes à la fois et l'amènent au rivage.

Les personnes sauvées du naufrage étaient au nombre de douze. Parmi elles, se trouvait un jeune homme d'environ vingt ans. Il avait été blessé en plusieurs endroits par les crochets de fer lancés sur le bateau, et restait étendu par terre sans mouvement;

on eût dit qu'il allait rendre le dernier soupir. Cependant il embrassait à deux mains un coffre de bambou, et personne ne pouvait l'en détacher.

Lieou-fang se trouvait auprès de lui ; ce spectacle l'émut profondément, et lui rappela ce qui lui était arrivé l'hiver de l'année précédente. Son cœur se serra de douleur, et des larmes abondantes inondèrent son visage. « Le malheur de ce jeune homme ressemble tout à fait au mien, se dit-il en lui-même. Si je n'avais pas trouvé le bon Lieou, qui sait ce que seraient devenus les restes chéris de mon père ? Ce jeune homme n'a personne qui s'intéresse à lui. Je veux m'en retourner et avertir mes parents. Quel bonheur si je pouvais contribuer à lui sauver la vie ! »

Il court précipitamment à la maison, et raconte à M. et à Mme Lièou le malheur dont il vient d'être témoin, ajoutant qu'il avait le désir de ramener le jeune homme blessé, afin de le soigner et de le nourrir jusqu'à ce qu'il fût entièrement rétabli.

« J'applaudis à votre résolution, répond Lieou ; de tels sentiments sont au-dessus de tout éloge. Voilà la conduite qu'un homme doit tenir envers ses semblables.

— Mon fils, dit Mme Lieou, pourquoi n'avez-vous pas amené le jeune homme avec vous?

— Je ne vous avais pas encore prévenus, répond Lieou-fang ; comment aurais-je pu prendre cette liberté?

— Eh bien ! mon fils, dit Lieou, je vais aller avec vous le chercher. »

Ils partent et arrivent bientôt sur le rivage. Une multitude de peuple entourait le jeune homme, et le regardait tranquillement sans songer à le secourir.

Lieou écarte le foule, et, s'approchant de lui : « Mon jeune monsieur, lui dit-il, tâchez de vous lever ; mon fils et moi nous vous conduirons, en vous soutenant, jusqu'à la maison, afin que vous puissiez prendre du repos. »

Le jeune homme, ouvrant les yeux, fait un mouvement de tête en signe d'assentiment. Lieou et Lieou-fang se baissent, et, lui tendant la main, s'efforcent de le soulever. Mais que peuvent un enfant faible et délicat, et un vieillard cassé par les années ?

Près d'eux passa un porteur de chaise.

« Mon vieil ami, dit-il à Lieou, ôtez-vous, je vais vous aider. »

Il se baisse, prend le jeune homme et le relève sans effort. Ils le mettent entre eux deux, le porteur à droite et Lieou à gauche, et marchent en le soutenant sous les bras.

Quoique le jeune homme ne pût proférer aucune parole, il avait entièrement l'usage de ses sens, et tenait avec ses dents la petite cassette de bambou.

« Monsieur, dit Lieou-fang, permettez-moi de prendre ce coffre, dont le poids doit vous fatiguer. »

En disant ces mots, il le met sur son épaule et marche devant eux.

La foule, qui était rangée autour d'eux, leur ouvre un passage, et, poussée par la curiosité, les suit et se presse sur leurs pas.

Ceux qui connaissaient Lieou se plaisaient à louer sa droiture et son humanité. « Il y avait déjà quelque temps que ce pauvre jeune homme était ici, disaient-ils entre eux, et il ne se trouvait personne qui prît pitié de lui, et daignât le recueillir dans sa maison.

« Mais aussitôt que Lieou a été informé de ce triste événement, il est venu en toute hâte et s'est empressé de le conduire chez lui. Vraiment, il y a bien peu d'hommes qui lui ressemblent. Quel malheur qu'il n'ait point de fils ! Mais le Ciel est juste, et ses décrets sont impénétrables.

— Quoiqu'il n'ait point de fils, disaient les autres, il vient d'adopter ce jeune Lieou-fang, qui a pour lui une déférence et un attachement qu'on trouverait à peine dans ses propres enfants. On peut regarder ce bonheur comme une récompense du Ciel. »

Ceux qui ne connaissaient pas Lieou, voyant un vieillard et sa femme qui soutenaient le blessé, et un jeune enfant qui marchait devant eux, les prenaient pour ses parents.

Mais les gens de l'endroit, qui répétaient à haute voix le nom de Lieou, les tirèrent bientôt d'erreur. L'émotion était générale; et il n'y avait personne qui n'exaltât l'humanité du bon vieillard.

Il y avait bien dans la foule quelques personnes intéressées qui pesaient, dans leur pensée, le coffre de bambou, et faisaient l'estimation des objets précieux ou de l'argent qu'il pouvait contenir. Mais ce sont de ces êtres qui ont une figure d'homme, sans en avoir le cœur ni les sentiments. Ils ne méritent pas de nous occuper.

Lieou, aidé du porteur, conduisit le jeune homme dans sa maison et le fit asseoir dans une chambre réservée aux étrangers. Ensuite, il remercia le porteur, qui se retira et disparut.

Lieou-fang, tenant le coffre de bambou, le dépose à côté du jeune homme.

Mme Lieou va promptement chercher de nouveaux habits, pour remplacer les siens, qui étaient encore tout mouillés. Quelques instants après, elle va le trouver, lui donne le bras et le conduit dans la boutique.

Lieou pria sa femme de faire tiédir une tasse de son meilleur vin et la fit boire au jeune homme. Ensuite, il alla prendre une couverture sur le lit de Lieou-fang, l'en enveloppa soigneusement, et quand la nuit fut venue, il le fit coucher dans la chambre de son fils.

Le lendemain matin, Lieou vint de bonne heure savoir des nouvelles du malade. Le jeune homme avait déjà repris ses forces et se sentait parfaitement rétabli. Il se leva sur son séant, et se disposait à descendre du lit, pour se prosterner devant Lieou et lui témoigner sa reconnaissance, mais celui-ci, le retenant : « Restez tranquille, lui dit-il ; vous avez encore besoin de garder le lit et de soigner votre santé. »

Le jeune homme leva sa tête de dessus l'oreiller, et, saluant Lieou d'un air ému : « Monsieur, dit-il, votre serviteur était à deux doigts de sa perte ; vous lui avez sauvé la vie, et vous avez été pour lui un second père. Oui, c'est le Ciel qui vous a envoyé pour être son libérateur. Par malheur, il a perdu tous ses effets et son argent ; comment pourra-t-il vous prouver sa reconnaissance et payer dignement vos bienfaits?

— Vous êtes dans l'erreur, répond Lieou. Le sentiment de l'humanité est inné dans tous les hommes. Il vaut mieux sauver la vie à quelqu'un que d'élever en l'honneur de Bouddha une pagode à sept étages. Parler de récompense, ce serait me supposer des vues intéressées. De tels sentiments sont bien loin de mon cœur. »

Lieou-ki, l'entendant parler de la sorte, sentit redoubler en son cœur la gratitude dont il était pénétré. Après quelques jours de repos, il se leva, vint trouver M. et Mme Lieou, et, après les avoir salués jusqu'à terre, les remercia en versant des larmes d'attendrissement.

Lieou-ki était d'un caractère plein de douceur et d'amabilité; il avait cette politesse exquise et ces manières distinguées qui annoncent un heureux naturel et une excellente éducation. Lieou et sa femme avaient pour lui la plus tendre affection. Du matin au soir, ils lui prodiguaient mille soins, et lui offraient toujours le meilleur vin et les mets les plus recherchés.

Lieou-ki, quelque sensible qu'il fût aux attentions délicates dont il était l'objet, ne pouvait se défendre d'un sentiment de tristesse en voyant toutes les peines que prenaient M. et Mme Lieou pour le rétablir. Son plus ardent désir était de pouvoir les remercier bientôt et de prendre congé d'eux. Mais ses blessures étaient dans un tel état d'inflammation qu'il lui était impossible d'aller à pied. D'un autre côté, il n'avait plus ni argent ni provisions de voyage : il se vit donc obligé de rester dans la maison de Lieou.

Lieou-fang et Lieou-ki étaient à peu près du même âge ; ils se ressemblaient de figure, et leurs sentiments offraient une heureuse sympathie. Ils se racontèrent mutuellement les malheurs qu'ils avaient éprouvés, et cette conformité, qui se trouvait encore dans leur position, établit entre eux une étroite amitié. Bientôt, ils se lièrent intimement et se saluèrent l'un et l'autre du nom de frère. Dès ce moment, ils commencèrent à s'aimer avec la même tendresse que s'ils l'eussent été en effet.

Un jour, Lieou-ki dit à Lieou-fang : « Jeune comme vous êtes, et doué de tant d'agréments, que ne vous occupez-vous de l'étude des auteurs classiques et des historiens?

— Mon frère, répondit Lieou-fang, j'ai bien ce désir depuis longtemps, mais où trouver quelqu'un qui me donne des leçons?

— Je ne vous cacherai point la vérité, lui dit Lieou-ki : depuis mon enfance, j'ai cultivé la littérature, et je me suis rendu familiers les meilleurs ouvrages des auteurs anciens et modernes. J'espérais me faire un nom, et m'élever, un jour, par le savoir aux plus hauts emplois. Mais, depuis que j'ai eu le malheur de perdre mes parents, les succès académiques et l'éclat des dignités n'ont plus aucun attrait pour moi. Si vous voulez, mon frère, vous livrer à l'étude, il vous suffit de vous procurer quelques volumes ; j'aurais un plaisir infini à vous guider dans vos lectures.

— Si vous avez cette bonté, répondit Lieou-fang, ce sera pour moi un véritable bonheur, et je vous en aurai mille obligations. »

Lieou, voyant que Lieou-ki était un jeune homme plein d'instruction, et apprenant qu'il voulait bien servir de maître à Lieou-fang, ne put s'empêcher de lui témoigner la joie que lui causait cette résolution ; et, sans perdre de temps, il alla acheter un grand nombre de livres.

Lieou-ki ne quittait point son élève, et l'instruisait avec un zèle infatigable.

Lieou-fang était doué d'une rare pénétration ; à la première lecture, il comprenait tous les livres qui étaient l'objet de ses études. Pendant le jour, il restait dans la boutique à étudier ; la nuit même, il lisait souvent jusqu'au matin, sans songer à prendre du repos. Au bout de quelques mois, il connaissait à fond les quatre livres moraux et les cinq livres canoniques, et pouvait composer avec facilité sur toute sorte de sujets littéraires.

Mais revenons à Lieou-ki. Il y avait déjà six mois qu'il demeurait dans la maison de Lieou. Le vieillard et le jeune homme avaient l'un pour l'autre les mêmes égards et la même affection que s'ils eussent été unis par les liens du sang. Ils se convenaient, et se plaisaient tellement ensemble qu'ils ne pouvaient plus vivre séparés.

Cependant Lieou-ki ne pouvait se défendre d'un sentiment de tristesse, en songeant depuis combien de temps il vivait à la table de Lieou sans pouvoir reconnaître ses soins.

Aussitôt que ses blessures se furent cicatrisées, il songea à retourner dans son pays natal. « Monsieur, dit-il, à Lieou, vous avez conservé le souffle mourant de ma vie, et depuis six mois que je suis chez vous, vous n'avez cessé de me combler de toute sorte de bontés. Maintenant, je désire prendre congé de vous pour quelque temps, afin de retourner dans ma patrie, et y ensevelir les restes de mes parents. Les obsèques terminées, je reviendrai vous servir pour vous prouver ma reconnaissance.

— Cette conduite fait l'éloge de votre cœur, répondit Lieou; loin de vous retenir, j'applaudis avec joie à votre piété filiale. Oserais-je vous demander le jour de votre départ?

— Puisque je vous ai prévenu, et que j'ai obtenu votre agrément, répondit Lieou-ki, demain matin je me mettrai en route.

— Eh bien! reprit Lieou, permettez-moi de vous chercher un bateau commode.

— La route par eau est sujette à mille dangers. Peu s'en est fallu, vous le savez, que je ne périsse au milieu des flots. D'ailleurs, je n'ai pas l'argent nécessaire pour un tel voyage : je préfère retourner par terre.

— Vous dépenserez deux fois plus en chaise qu'en bateau, repartit Lieou, et peut-être que vos jours ne seront pas moins exposés que sur l'eau.

— Je ne prendrai point de chaise ; j'irai simplement à pied.

— Vous êtes d'une santé faible et délicate. Comment aurez-vous la force de faire un long voyage?

— Monsieur, reprit Lieou-ki, vous connaissez le proverbe : *Quand on a de l'argent, on s'en sert; quand on n'en a point, il ne faut compter que sur soi-même.* Dénué de tout, comme je le suis, qu'ai-je à redouter sur la route?

— L'affaire n'est pas difficile à arranger, » s'écria Lieou, après avoir réfléchi quelques instants en lui-même.

Aussitôt, il pria sa femme de préparer du vin et quelques plats de viande, pour offrir à Lieou-ki le repas du départ. Après que les deux amis eurent bu ensemble jusqu'à la moitié de la nuit : « Monsieur, dit Lieou les yeux humectés de larmes, nous nous sommes rencontrés dans cette vie comme deux algues légères, qui sont poussées l'une vers l'autre par les eaux du fleuve. Depuis près d'un an que nous sommes ensemble, nous avons contracté mutuellement un attachement plus intime que celui qu'inspirent la naissance et les liens de famille. Mon cœur se serre de tristesse quand je songe que nous allons nous séparer ; cependant les obsèques d'un père et d'une mère sont pour un fils l'affaire la plus noble et la plus importante de la vie. Vous pouvez partir :

il ne me convient pas de retarder davantage l'accomplissement de ce devoir sacré; mais, une fois que vous serez parti, qui sait si, dans la suite, il me sera permis de vous revoir? »

Il dit, et pousse de profonds soupirs. Mme Lieou et le jeune Lieou-fang ne purent s'empêcher de verser des larmes d'attendrissement.

« Hélas! s'écria Lieou-ki en pleurant, vous savez combien il m'est pénible de me séparer de vous; mais, après les jours prescrits pour le deuil, je marcherai la nuit même, s'il le faut, pour venir vous rendre mes devoirs. Je vous en prie, ne vous abandonnez pas ainsi aux larmes et à la douleur.

— Moi et ma femme, répondit Lieou, nous toucherons bientôt à soixante-dix ans.

Notre frêle existence ressemble maintenant à la flamme tremblante d'une lampe exposée au souffle du vent. Chaque matin, à peine espérons-nous la conserver jusqu'au soir. Lorsque votre deuil sera passé et que vous viendrez ici, qui sait si nous serons encore du monde? Si vous ne nous quittez pas pour toujours, je vous en prie, aussitôt que vous aurez achevé les obsèques de vos parents, et déposé dans la tombe leurs restes inanimés, revenez promptement nous voir. Je demanderais cette faveur à un ami d'un jour, mais vous, vous m'avez montré longtemps la tendresse d'un fils, et vous m'avez juré un éternel attachement!

— Puisque tel est votre désir, répondit Lieou-ki, comment pourrais-je ne pas y répondre avec empressement? »

Le reste de la nuit se passa ainsi en plaintes touchantes et en tendres protestations.

Le lendemain matin, Mme Lieou se leva de bonne heure, et prépara du vin et du riz qu'elle fit prendre à Lieou-ki.

Lieou apporta un paquet et le déposa sur la table; ensuite, il dit à Lieou-fang d'aller derrière la maison, et d'amener le mulet, qui était dans l'écurie.

« Mon jeune ami, dit-il à Lieou-ki, j'ai cette bête depuis longtemps, je m'en sers rarement et jamais elle ne m'a servi à faire de longs voyages; mais je vous la donne pour une excellente monture. Vous épargnerez ainsi les frais d'une chaise à porteurs. Dans ce paquet, vous trouverez une couverture de lit, et quelques vêtements d'étoffe épaisse, pour vous garantir sur la route du vent et du froid. »

Lieou tira ensuite de sa manche un rouleau d'argent et le lui offrit. « Avec ces dix onces d'argent, lui dit-il, vous pourrez subvenir aux dépenses de votre voyage; mais, après avoir terminé les affaires qui vous occupent, soyez fidèle à la parole que vous m'avez donnée, et revenez en toute hâte. »

Lieou-ki, en voyant les bontés dont le comblait Lieou, se prosterna devant lui jusqu'à terre. « Monsieur, lui dit-il d'une voix émue, après avoir reçu de vous d'aussi grands bienfaits, il m'est impossible d'acquitter en cette vie la dette de ma reconnaissance; mais, dans la vie future, je veux vous servir pour récompenser, au moins autant qu'il sera en moi, vos soins généreux et les services sans nombre que vous m'avez rendus.

— Que parlez-vous de reconnaissance? repartit Lieou : je n'ai fait que remplir bien imparfaitement les devoirs que l'humanité m'imposait. »

Lieou-ki prit le paquet et le coffre de bambou, et les mit sur sa monture; ensuite il fit ses adieux et partit.

Lieou et sa femme le reconduisirent jusqu'au seuil de la porte, et reçurent ses adieux en pleurant. Lieou-fang, ne pouvant se séparer de son ami, l'accompagna l'espace de dix *li* (une lieue), et enfin ils s'éloignèrent l'un de l'autre en donnant les marques de la plus vive douleur.

« On se rencontre comme deux algues poussées par les eaux, et l'on forme une amitié plus forte que les liens du sang ; mais, un matin, il faut se séparer ; on gémit, on verse un torrent de larmes. A peine avons-nous cessé d'entendre le coursier qui emporte nôtre ami, notre âme inquiète est agitée de mille songes. Son image nous suit partout ; dans le pavillon de repos, dans la salle d'étude, nous le voyons et nous nous entretenons avec lui. »

Lieou-ki marcha jour et nuit. Au bout de quelque temps, il revit son pays natal, situé dans le Chan-tong. Pouvait-il se douter que les pluies, qui étaient tombées par torrents, avaient fait déborder le fleuve Jaune, et que le village de Tchang-tsieou avait été englouti sous les eaux? Les hommes et les animaux, les chaumières et les maisons, tout avait disparu.

Lieou-ki, ne trouvant d'asile nulle part, se vit obligé de s'arrêter dans une hôtellerie d'un village voisin, espérant obtenir une place convenable pour inhumer ses parents. Il alla de tous côtés et prit des informations sur toutes les personnes de sa famille : mais il n'en découvrit pas une seule : elles avaient péri avec le reste des habitants.

Après qu'il eut fait un séjour de trois mois dans ce pays désolé, ses dix onces d'argent, destinées aux frais du voyage, touchaient à leur fin. « Si je dépense tout mon argent, se dit-il avec inquiétude, que deviendrai-je dans cette contrée déserte? Ne vaut-il pas mieux retourner dans le village de Wou? Je demanderai au bon Lieou quelques pieds de terre pour inhumer les restes de mes parents, et, s'il veut agréer mes services, je demeurerai auprès de lui. »

Cette résolution prise, il paye le maître de l'hôtellerie, s'élance sur sa monture et marche jour et nuit, jusqu'à ce qu'il soit arrivé à la maison de Lieou. Il voit quelqu'un dans la boutique. C'était Lieou-fang, qui tenait un livre et était occupé à étudier.

« Mon frère, s'écrie Lieou-ki, comment se portent votre père et votre mère depuis mon départ? »

Lieou-fang lève les yeux et reconnaît Lieou-ki. Il laisse son livre, va recevoir son frère, et, prenant le mulet par la bride, le conduit jusqu'à la porte de la maison. Dès qu'il eut ôté les bagages et fait un salut à Lieou-ki : « Mon père et ma mère sont ici, lui dit-il; depuis votre départ, ils n'ont cessé de penser à vous, il est impossible de venir plus à propos. »

En disant ces mots, il le prend par la main, et entre avec lui dans la salle où se trouvaient M. et Mme Lieou.

« Mon jeune ami, s'écria le vieillard, vous avez pensé nous faire mourir d'inquiétude. Quel bonheur que le ciel vous rende à nos vœux ! »

Lieou-ki, s'approchant de lui, se prosterne jusqu'à terre, et lui fait une profonde salutation.

Après les cérémonies d'usage :

« Je pense, dit Lieou, que l'affaire qui vous occupait est heureusement terminée, et que vous avez rendu à vos respectables parents les devoirs qu'impose la piété filiale. »

Lieou-ki lui raconta en pleurant tout ce qui lui était arrivé depuis leur séparation.

« Mon pays natal, ajouta-t-il, n'est plus maintenant qu'un lieu désolé ; un seul homme pourrait à peine y trouver un asile. Je rapporte avec moi les ossements de mes parents, et j'ose vous demander quelques pieds de terre pour les y ensevelir avec tous les honneurs prescrits par les rites. Mon unique désir est de vous saluer du nom de père, et demeurer auprès de vous, pour vous rendre, du matin au soir, les devoirs d'un fils, et vous servir jusqu'à la fin de vos jours. Mais j'ignore si vous daignerez mettre le comble à mes vœux.

— Pour de la terre vacante, répondit Lieou, ce n'est pas ce qui manque ici. Vous pouvez choisir l'endroit qui vous conviendra. Quant à vous tenir lieu de père, je crains d'en être trop indigne.

— Si vous vous excusez de la sorte, répondit Lieou-ki, c'est évidemment refuser de me prendre pour votre fils. Je vous en supplie, ne repoussez pas ma prière. »

Lieou et sa femme, cédant à ses instances, prennent chacun un siége et s'asseoient; Lieou-ki se place entre eux, et, après avoir fait les révérences prescrites, les salue du nom de père et de mère. Ensuite, il va chercher les restes de ses parents, et les dépose dans un tombeau élevé derrière la maison.

Depuis cette époque, les deux frères rivalisèrent de soins pour faire prospérer le commerce de leurs parents adoptifs. Ils montraient pour leur père et leur mère les plus tendres attentions, et leur rendaient tous les devoirs qu'inspire la piété filiale. De leur côté, Lieou et sa femme, voyant leurs relations s'étendre de jour en jour, et leurs affaires prendre un aspect florissant, bénissaient le ciel de leur avoir donné des enfants aussi accomplis.

Dans tout le village, il n'y avait personne qui n'enviât le bonheur de Lieou. Tout le monde voyait, dans cette faveur inespérée, la récompense de ses vertus.

Mais le temps s'écoule avec la rapidité de l'éclair qui sillonne la nue. Il y avait déjà près d'un an que M. et Mme Lieou vivaient avec leurs enfants adoptifs, et jouissaient d'une heureuse aisance, fruit d'une active industrie, lorsque tout à coup ils tombent malades. Lieou-fang et Lieou-ki les veillaient jour et nuit, et oubliaient même de délier leur ceinture pour prendre quelques instants de repos. On offrit des sacrifices aux dieux, on appela les médecins les plus habiles; tout fut inutile.

Les deux frères, ayant perdu tout espoir, étaient plongés dans la douleur. Mais, craignant encore d'alarmer leurs parents et de leur faire pressentir leur fin prochaine, ils s'efforçaient de paraître sans inquiétude, et leur adressaient des paroles consolantes. Souvent, le cœur gonflé de soupirs, ils se retiraient à l'écart et donnaient un libre cours à leurs larmes.

Lieou, sentant sa fin approcher, appela

ses deux fils auprès de son lit pour leur donner ses dernières instructions.

« Mes enfants, leur dit-il, ma femme et moi nous étions sans postérité, et nous semblions condamnés à être privés, après notre mort, de sacrifices funèbres. Mais soudain le ciel a eu pitié de nous, et vous a envoyés pour nous tenir lieu de fils. Quoique vous ne fussiez qu'adoptifs, vous nous avez aimés avec autant de tendresse que si nous vous eussions donné le jour. Maintenant, nous pouvons mourir sans regret. Mais, quand nous aurons quitté la vie, redoublez de zèle et d'efforts pour faire prospérer votre commerce, et conserver le faible héritage que nous vous avons laissé. En songeant sans cesse, à votre bonne intelligence et à l'heureuse activité qui vous anime, nous pourrons reposer en paix auprès des neuf fontaines qui arrosent le sombre empire. »

Les deux fils, fondant en larmes, reçurent à genoux ces dernières instructions.

Lieou et sa femme languirent encore pendant deux jours, mais le troisième ils avaient fermé les yeux.

Nous essayerions en vain de peindre la douleur des deux frères. Ils pleurent, ils gémissent, ils accusent le ciel et la terre ; ils voudraient donner leur vie pour celle de leurs parents, ou du moins les suivre dans la tombe.

Aussitôt, ils préparèrent avec toute la magnificence possible, les cercueils et les linceuls funèbres, et firent appeler plusieurs bonzes pour réciter pendant neuf jours l'office des morts, et faire passer leur âme à un état plus heureux.

Après avoir enseveli leurs parents adoptifs, les deux frères font construire un tombeau pour y déposer leurs restes inanimés.

Lieou-fang partit aussitôt pour la capitale, et rapporta avec lui les ossements de sa mère.

Lorsque tout fut préparé, et qu'ils eurent choisi un jour heureux, ils placent, au milieu du tombeau, Lieou et sa femme, puis Lieou-ki dépose les ossements de son père à gauche et Lieou-fang ceux de sa mère du côté droit. Les trois cercueils étaient rangés sur une même ligne, comme trois perles d'une parfaite ressemblance.

Tous les habitants du village, qui avaient admiré la probité et l'humanité de Lieou, et qui étaient pénétrés de respect pour la piété filiale de ses deux fils, voulurent assister aux funérailles et donnèrent les marques de la plus vive douleur.

Depuis la mort de leurs parents, Lieou-ki et Lieou-fang mangeaient à la même table et partageaient le même lit. Leurs rapports mutuels et l'habitude de vivre comme des frères, n'avaient fait que fortifier leur amitié et resserrer les liens qui les unissaient. Bientôt, ils cédèrent leur commerce de vin et ouvrirent un magasin d'étoffes.

Les marchands des différentes provinces, qui voyaient briller dans ces jeunes gens tant de droiture et de probité, vantaient partout la qualité et le prix modéré de leurs étoffes, et étendaient au loin leur réputation. Du matin au soir, les acheteurs venaient en foule chez eux, et leur magasin ne désemplissait pas.

En moins de deux ans ils amassèrent une fortune qui surpassait de beaucoup celle qu'ils avaient reçue de Lieou.

Dans le village, il y avait plusieurs riches propriétaires, qui, voyant que ces deux jeunes gens étaient à la tête d'un commerce florissant, et n'avaient pas encore songé à s'établir, envoyèrent vers eux des entremetteurs de mariage pour leur faire des propositions.

Lieou-ki avait bien le désir de prendre une compagne, mais Lieou-fang refusait absolument de suivre son exemple.

« Mon frère, lui disait Lieou-ki, vous avez aujourd'hui dix-neuf ans; moi j'en ai vingt-deux : voici le moment convenable pour choisir une épouse, afin d'avoir des enfants et de donner une postérité à nos parents légitimes et adoptifs. J'ignore pourquoi mon frère blâme cette résolution.

— Nous sommes dans la force de l'âge, répondait Lieou-fang ; à quelle époque de la vie peut-on mieux s'occuper des soins du commerce et déployer son industrie? Avons-nous le temps de nous occuper de mariage? D'ailleurs, nous vivons depuis longtemps comme des frères, et nous avons formé une association pleine de charmes : peut-on espérer un bonheur plus doux? Si par hasard vous épousez une personne d'un mauvais naturel, sa présence entravera votre commerce, et sera pour vous une source de chagrins continuels. Ne vaut-il pas mieux rester unis et renoncer au mariage?

— Vous connaissez le proverbe, disait Lieou-ki : « Sans femme point de bonne maison. » Pendant que nous sommes dans le magasin, occupés des détails du commerce, nous n'avons personne qui prenne soin de notre ménage. Maintenant que nos relations s'étendent de jour en jour, supposez qu'il nous vienne quelques étrangers, nous n'avons personne pour les recevoir d'une manière convenable, et faire les honneurs de notre maison. Dites-moi, je vous prie, quelle figure nous ferons dans le monde. Mais ceci n'est encore qu'une bagatelle. Lorsque, dans l'origine, le bon Lieou et sa femme nous adoptèrent pour leurs fils, c'était dans l'unique espoir d'avoir un jour des descendants, qui garderaient leur tombeau et offriraient des sacrifices à leur cendre.

« Mais, si vous refusez de vous marier, vous détruisez toutes leurs espérances, et vous répondez à leurs bienfaits par la plus noire ingratitude. De quel front soutiendrez-vous les reproches qu'ils vous adresseront dans le sombre empire? »

Lieou-ki ramenait sans cesse la conversation sur le même sujet, mais Lieou-fang, répétant toujours les mêmes excuses, refusait absolument de céder à ses instances.

Lieou-ki, voyant l'obstination de son frère, n'osait se marier seul, et former sans lui l'établissement qu'il méditait. Un jour qu'il était allé faire visite à un de ses amis intimes, nommé Kin-ta-lang, la conversation tomba par hasard sur le chapitre du mariage. Lieou-ki raconta en détail le refus et les excuses de Lieou-fang. — « J'ignore, ajouta-t-il, quels peuvent être les motifs d'une telle conduite.

—Cela n'est pas difficile à deviner, s'écria en riant Kin-ta-lang : vous êtes, il est vrai, associés ensemble, et c'est par vos efforts réunis que vous avez élevé une maison aussi florissante ; mais comme votre jeune frère est venu ici avant vous, il compte peut-être avoir plus de droits à la fortune de Lieou, et ne serait pas fâché de vous voir marié le premier. Voilà, selon moi, l'énigme de toute sa conduite, et le motif de ses vaines excuses.

— Mon jeune frère est plein de droiture et de sincérité, reprit Lieou-ki : il est impossible qu'il se laisse guider par de telles considérations.

— Votre frère est dans la fleur de la jeunesse, ajouta Kin-ta-lang ; il est doué d'un esprit juste et d'une rare pénétration. Pensez-vous qu'il ignore les avantages du mariage et le bonheur d'une heureuse union ? Essayez un autre moyen : envoyez sous main une personne chargée de sonder ses intentions, et de lui faire des propositions de mariage. Je vous réponds de son consentement. »

Lieou-ki était ébranlé par ces raisons, mais il conservait encore quelques doutes sur le succès de la démarche que lui conseillait son ami. Il prend congé de lui et se retire.

A peine a-t-il fait quelques pas qu'il rencontre deux entremetteuses de mariage. C'était justement lui qu'elles venaient trouver, afin de lui faire des propositions pour son jeune frère. La jeune personne dont il s'agissait, était la fille d'un riche marchand de soieries, nommé Tsouï-san. La comparaison de l'heure de leur naissance, et des caractères dont se composait leur billet d'âge, offrait une correspondance parfaite, et annonçait l'union la mieux assortie.

« Ce parti convient à merveille à mon jeune frère, dit Lieou-ki, mais il a quelque chose de fort singulier. A la vue d'un homme, son front se couvre de rougeur, et il est impossible d'aborder en sa présence la question du mariage. Allez le trouver secrètement, et glissez-lui la proposition qui vous amène. Si vous réussissez à vaincre ses refus, comptez sur ma reconnaissance. Pour moi, je ne m'en retournerai point ; je vais m'asseoir dans cette boutique qui est à l'entrée de la rue, en attendant votre réponse. »

Les deux femmes le quittent et se rendent

chez Lieou-fang. Elles furent de retour au bout de quelques instants.

« Monsieur, dirent-elles à Lieou-ki, votre jeune frère est vraiment un homme singulier. Nous avons employé mille moyens de persuasion : tout a été inutile. Il a refusé nettement d'écouter nos propositions, et, comme nous insistions, il s'est emporté, et nous a congédiées de la manière la plus désobligeante. »

Lieou-ki commença à se persuader que les refus de Lieou-fang étaient sincères, mais il ne pouvait en deviner la cause.

Un jour, il vit sur un toit une hirondelle occupée à construire son nid. Il prend un pinceau, et, pour sonder encore les intentions de Lieou-fang, il écrit sur le mur plusieurs vers, dont voici le sens :

« Les hirondelles construisent leur nid;
« deux à deux, elles apportent matin et soir
« l'argile nécessaire pour leur frêle demeure.
« Elles s'aident mutuellement et partagent
« les mêmes soins et les mêmes fatigues. Si
« le mâle ne cherchait point une compagne
« pour avoir de jeunes nourrissons et se
« donner une postérité, à la fin de l'année
« le nid se trouverait vide. »

Lieou-fang, ayant vu ces vers, les lut plusieurs fois en souriant; puis, prenant le pinceau, il écrivit les suivants sur les mêmes rimes :

« Les hirondelles construisent leur nid;
« deux à deux, elles rasent la plaine ou
« s'élèvent dans les airs. Il y a bien long-
« temps que le Ciel a établi les rapports qui

« attachent le mâle à sa compagne. Quand « celle-ci a trouvé un époux, tous ses vœux « sont satisfaits. Existe-t-il au monde une « hirondelle mâle qui ne reconnaisse pas sa « compagne? »

« D'après le sens renfermé dans ces vers, s'écria Lieou-ki, rempli d'étonnement, mon frère est une demoiselle. J'étais surpris en effet de la délicatesse de sa taille et de la douceur de sa voix. La nuit, lorsque nous partagions le même lit, il n'ôtait jamais son vêtement de dessous. Dans les plus grandes chaleurs de l'été, il restait couvert d'une double robe. Quoi qu'il en soit, tous mes doutes ne sont point encore entièrement dissipés. Je n'ose aller à la légère lui faire part de l'idée qui m'a frappé. »

De suite, il alla chez Kin-ta-lang, et lui récita ses vers sur le nid d'hirondelle ainsi que la réponse de Lieou-fang.

— Cela est clair comme le jour, s'écria Kin-ta-lang ; il n'y a plus à en douter, votre frère est une jeune fille. Mais, puisque vous avez partagé le même lit pendant plusieurs années, comment n'avez-vous pas découvert ce mystère ? »

Lieou-ki lui raconta l'extrême réserve de son frère, et le soin qu'il avait eu de ne jamais quitter ses vêtements en sa présence.

« C'est cela même, reprit Kin-ta-lang ; nous n'avons plus besoin de nouveaux éclaircissements. Mais maintenant vous devez lui parler franchement ; vous verrez ce qu'il vous répondra.

— Nous sommes liés ensemble depuis bien longtemps, et notre affection est celle de deux frères tendrement unis : comment oserais-je ouvrir la bouche sur un tel sujet ?

— Si c'est en effet une demoiselle, dit Kin-ta-lang, qui empêche que vous ne deveniez son époux ? Cette union ne fera que fortifier les sentiments qui vous animent l'un pour l'autre. »

Après avoir causé quelque temps, Kin-ta-lang fit servir à manger. Lieou-ki resta à table avec son ami, et il était déjà fort tard quand il songea à s'en retourner chez lui.

Lieou-fang vint le recevoir ; et, le voyant un peu étourdi par les fumées du vin, il lui donna le bras et le conduisit jusque dans sa chambre.

« Où êtes-vous resté à boire? lui dit-il. Comment, mon frère, pouvez-vous revenir à une heure aussi avancée? J'ai pensé mourir d'inquiétude.

— Je me trouvais, par hasard, chez M. Kinta-lang; nous avons bu quelques tasses, et, tout en causant, nous sommes restés ensemble jusqu'à la nuit. »

Quoique Lieou-ki fût occupé à parler, il regardait attentivement Lieou-fang. Auparavant, lorsque son attention n'était point encore éveillée, il ne s'était nullement aperçu que son ami fût une demoiselle. Mais aujourd'hui qu'il avait l'esprit frappé de cette idée, plus il le regardait, plus ses doutes se changeaient en certitude. Néanmoins, il n'osait lui communiquer les pensées qui l'agitaient. Ne pouvant résister au désir d'éclaircir ce mystère, et d'acquérir une entière conviction, il eut encore recours à la poésie. « Mon frère, dit-il à Lieou-fang, j'admire les vers que vous avez composés sur le nid d'hirondelle, mais je suis trop dépourvu de talents pour écrire avec la même élégance. Oserais-je vous prier d'en faire encore quelques-uns sur le même sujet ? »

Lieou-fang prit en riant un pinceau et du papier, et écrivit les lignes suivantes :

« Les hirondelles bâtissent leur nid ; le
« mâle et sa compagne s'aident mutuelle-
« ment et se répondent par de tendres
« cris. Ils craignent de laisser passer en
« vain les jours de leur printemps, et pré-
« parent d'avance le berceau qui doit rece-
« voir leur jeune famille. »

« Qui n'aurait pitié de Ho-chi avec sa « pierre sans défaut? Comment se fait-il « que le roi de Thsou n'ait pas voulu accep- « ter la pierre précieuse qu'il lui offrait[1] ? »

Lieou-ki prend les vers, et, après les avoir lus :

« Mon frère, s'écrie-t-il, vous êtes donc réellement une demoiselle? »

A ces mots, Lieou-fang baisse les yeux sans répondre, et tout son visage se colore d'une vive rougeur.

1. Un homme, nommé Pien-ho (ou Ho-chi), ayant trouvé une pierre brute dans laquelle il soupçonnait avec raison l'existence d'une pierre précieuse, la porta au roi de Thsou, qui, trompé par l'ignorance de son lapidaire, le regarda comme un imposteur, et lui fit couper le pied droit. (Voy. Gonçalvez, *Arte China*, p. 354.)

« Nous nous aimons l'un l'autre, reprend Lieou-ki, avec toute la tendresse que font naître les liens du sang. Pourquoi me cacher plus longtemps la vérité? Mais j'oserai vous demander pourquoi vous avez toujours conservé ce costume.

— Après avoir perdu ma mère, répondit Lieou-fang, j'accompagnai mon père et je retournai avec lui dans mon pays natal. Votre servante a adopté les vêtements d'homme, parce qu'elle craignait qu'il n'y eût pour elle quelque inconvénient à voyager à pied sous les habits qui conviennent à son sexe. Ayant ensuite perdu mon père, et n'ayant pu l'ensevelir auprès de ma mère, je désirais trouver un endroit où je pusse me fixer, et y déposer les restes de mes parents. Le ciel a permis que je trouvasse un père adoptif qui, en me laissant une partie de sa fortune, m'a donné les moyens de les ensevelir d'une manière convenable. Je vais aujourd'hui vous parler sans détour. Voyant que notre fortune était encore peu avancée, et craignant que vous ne pussiez réussir seul, j'ai différé à dessein et j'ai tâché de retarder l'époque de notre établissement. Mais à présent que vous me pressez de prendre un époux, je ne puis m'empêcher de vous dire la vérité.

— Mon frère, reprend Lieou-ki, par cette conduite, vous avez accompli une œuvre difficile et digne des plus grands éloges; elle montre une force d'âme au-dessus de votre âge et de votre sexe. Si j'en juge par le sens des vers que vous avez composés, vous semblez partager mes sentiments et répondre à mes vœux. Nous nous sommes rencontrés dans la vie comme deux algues légères poussées, l'une vers l'autre, par les eaux du fleuve, après avoir été, pendant plusieurs années, le jouet des vents et des flots. Auparavant, nous étions frères, maintenant nous sommes époux : c'est au ciel seul que nous devons ce bonheur inespéré. Si vous daignez consentir à mes vœux, nous formerons une union qui ne se dissoudra qu'à la mort.

— Votre désir est aussi le mien, répondit Lieou-fang, et cette félicité que vous vous promettez est également l'objet de mes espérances. Les trois tombes de nos parents se trouvent ensemble dans ce lieu. Si je prenais un autre époux, comment pourrais-je visiter, soir et matin, le sépulcre où repose ma mère? D'ailleurs, mes parents adoptifs m'ont constamment traitée comme si j'eusse été leur propre enfant. Si j'abandonnais cette maison, qui renferme ce que j'ai de plus cher au monde, quelle joie pourrais-je goûter le reste de mes jours? O mon frère, si vous ne me trouvez pas trop dépourvue d'agréments, permettez-moi de rester avec vous pour garder les tombes de nos parents et leur offrir des sacrifices funèbres : voilà le vœu le plus ardent que forme votre servante. Mais ce serait blesser les rites que de nous unir sans employer une entremetteuse de mariage. Nous devons aussi nous mettre à l'abri de tout soupçon, et éviter de donner prise à la malignité. »

Dès ce soir même, Lieou-ki et Lieou-fang eurent une chambre séparée. Le lendemain

Lieou-ki alla informer Kin-ta-lang de tout ce qui s'était passé, et pria l'épouse de son ami de remplir auprès de Lieou-fang l'office d'entremetteuse de mariage.

Lieou-fang prit les vêtements qui convenaient à son sexe, et, après avoir choisi un jour heureux, alla avec Lieou-ki près des tombes de ses parents et leur offrit un sacrifice funèbre. Ensuite, ils firent allumer une multitude innombrable de lanternes, et préparèrent pour les noces un festin magnifique. Cet événement répandit la joie dans tout le village. Il n'y avait personne qui ne le racontât avec l'accent de l'admiration. On exaltait en même temps la probité, la piété filiale et la rare pureté de mœurs dont Lieou et ses deux enfants avaient offert le modèle.

Lieou-ki et Lieou-fang, devenus époux, s'aimèrent tendrement, et eurent toujours l'un pour l'autre les mêmes attentions et les mêmes égards que deux hôtes prévenants et respectueux. Ils acquirent une fortune immense, et eurent un grand nombre d'enfants, dont plusieurs vivent encore aujourd'hui. L'endroit qu'ils avaient habité fut surnommé *le Village des trois justes*, comme l'attestent plusieurs vers dont voici le sens :

« Des parents qui ne s'aiment point, de-
« viennent aussi étrangers les uns pour les
« autres que les barbares de *Wou* et de
« *Youei*; mais des étrangers qu'anime la
« justice, deviennent aussi intimes que s'ils
« étaient unis par les liens du sang. »

*Le Village des trois justes* retentit sans cesse des louanges de Lieou-fang ; pendant mille années, le pays situé à l'ouest du fleuve Jaune gardera le souvenir de Lieou-ki.

FIN.

PARIS. — IMPRIMERIE DE CH. LAHURE ET Cie,
Rue de Fleurus, 9.

www.ingramcontent.com/pod-product-compliance
Lightning Source LLC
LaVergne TN
LVHW050509100826
845148LV00002B/284

* 9 7 8 2 0 1 2 5 7 3 6 3 5 *